RENÉ WAGNER

China-Reportagen

Streifzüge durch das Reich der Mitte

SOCIETÄTS-VERLAG

CIP-Titelaufnahme der Deutschen Bibliothek

Wagner, René:

China-Reportagen : Streifzüge durch das Reich der Mitte /
René Wagner. - Frankfurt (Main) : Societäts-Verl., 1989
ISBN 3-7973-0473-0

Alle Rechte vorbehalten · Societäts-Verlag
© 1989 Frankfurter Societäts-Druckerei GmbH
Satz: Typobauer, Ostfildern
Herstellung: Franz Spiegel Buch GmbH
Abbildung: Fotoagentur Helga Lade
Printed in Germany 1989
ISBN 3-7973-0473-0

INHALTSVERZEICHNIS

DIE VERGEBLICHKEIT DER TYRANNEI

Nach dem Tode Mao Tse-tungs, des Reichsgründers, der zum Tyrannen verkam, gab es eine Zeit, da lebten die meisten Menschen in China in Harmonie. Die Wunden der Kulturrevolution verheilten. Die Politiker reisten ins Ausland, erwarben sich Respekt. Ihnen folgten Studenten, die später als Elite ihr Land in die Gemeinde moderner Nationen bringen wollten. Diplomaten, Geschäftsleute aus anderen Ländern strömten ins Reich der Mitte, lobten den Mut der Führung, die das Volk von den Fesseln maoistischer Gleichmacherei befreite. Die kommunistische Partei, die einzige Organisation, die sich im gesamten Reich Gehör verschaffen konnte, ließ die Zügel locker: Zu viele ihrer Mitglieder waren sich der Vergeblichkeit der marxistischen Lehre bewußt geworden. Diese Lehre, der einst junge Menschen ihr Leben gewidmet hatten, der einst sogar ein Teil der Bevölkerung wegen der „Sauberkeit" der Parteisoldaten geglaubt hatte, verlor auch in China ihre Anziehungkraft.

Nein, ein goldenes Zeitalter war in China noch nicht angebrochen. Denn die „Öffnung" öffnete die Augen: Welch enormen Rückstand die Chinesen aufholen mußten, um mit Industrienationen gleichzuziehen. Aber da war ein Hauch von Laissez faire. Beherzte Reformer wollten der Marktwirtschaft Breschen schlagen, die Planwirtschaft allmählich abschaffen. Zweierlei aber hatten sie nicht bedacht: Eigenverantwortung in Industrie und Handel ist unmöglich ohne politische Mitsprache – die jedoch lehnten orthodoxe Männer im Politbüro ab. Zweitens: Eingedenk des Wankelmuts der kommunistischen Herrscher versuchte jeder, so rasch als möglich reich zu werden. Dabei taten sich Parteimitglieder hervor. Sie besaßen persönliche Beziehungen, nutzten die „Hintertüren": Korruption, dieses uralte Übel Chinas, wucherte. Zu ihr gesellte sich hohe Inflation. Dann drang vom Platz des Himmlischen Friedens in Peking auch der Ruf nach Demokratie bis in die Paläste der Mächtigen: Einige alte Männer – Veteranen des Langen Marsches, weit entrückt vom Alltag ihrer Landsleute – reagierten auf die Aspirationen der Intelligenz mit gnadenloser Härte. Wer bedachtsam für den Wandel demonstriert hatte, wurde in den frühen Stunden des 4. Juni 1989 von Soldaten erschossen, von Panzern zerquetscht. Nachbarn denunzierten Überlebende, „Volks"-Gerichte sprachen „Recht", überantworteten sie den Genickschützen.

So hat sich noch einmal bewahrheitet, daß Militärs in China nach Krieg und Bürgerkrieg dem Frieden nicht gewachsen waren – sie hatten nur den Kampf gegen Feinde gelernt, nicht aber den Umgang mit politischen Gegnern. Nach den Katastrophen der „Hundert Blumen", des „Großen Sprungs", der „Kulturrevolution", des blutigen „4. Juni" mußten sich die Chinesen wieder ducken vor rachedurstigen Greisen, den Feudalherren des eigenen Volkes: Wer den „Weisungen" von oben folgte, wurde mit Blech-Plaketten belohnt; wer sich ihnen widersetzte, öffentlich gedemütigt – oder umgebracht. Sie mußten sich vor dem Ausland schämen wegen der eigenen Führung. Und sie mußten abwarten, bis diese Greise von der Bühne abtraten, deren Seilschaften zerfielen. Erst danach bestand Hoffnung für einen wirklichen Neubeginn. Den hatten die Kommunisten zwar immer wieder verkündet, wegen ihrer Verstrickung in die Vergangenheit aber nicht einlösen können.

Die Zeit der uneinsichtigen Herrscher in China wird zu Ende gehen. Kontakt mit der „Außenwelt" fördert den Wunsch nach Demokratie. Ein Jahrzehnt lang schon hatte die west-östliche Osmose, eher recht als schlecht, zum Nutzen Chinas gearbeitet. Von dieser Zeit handeln die hier versammelten Betrachtungen zur Aufbruchstimmung der Chinesen am Ende des 20. Jahrhunderts. Der Wille der Bevölkerung, sich aus dem Mittelalter herauszuarbeiten, ist nicht gebrochen. Er wird die Schießbefehle eines Deng Hsiao-ping überdauern – eines Deng, der am Ende seines Lebens vom Hoffnungsträger einer Generation zum Tyrannen verkam.

René Wagner
Frankfurt, im Herbst 1989

VORBILDER

Im Film ein Idealtyp

„Sie sehen ja wie Zhu Shi-mao aus!" „Ja, ich ähnle ihm sehr." Derart verleugnet sich Zhu Shi-mao, einer der bekanntesten Schauspieler des Landes vor seinen Bewunderern. Der 33 Jahre alte Mann hat Erfolg. Er ist nicht eitel. Dennoch freut er sich über den Anklang, den er vornehmlich bei jüngeren Chinesinnen findet mit seinen Filmen.

Zhu ist das sechste von zehn Kindern einer Bauernfamilie in der ostchinesischen Provinz Shandong – eine Gegend, die viele herausragende Männer hervorgebracht hat. Ihnen allen ist eigen männlicher Charme, Unbeugsamkeit bei der Verfolgung hehrer Ziele, Aufopferung für Schwächere, Abscheu vor emsiger Geschäftemacherei, vornehmes und selbstbewußtes Auftreten. Zhu repräsentiert in einem seiner Filme diesen Idealtyp. In seinem jüngsten Werk „Die erste Expedition auf den Yangtse" spielt er den Chinesen Yao, der als erster Mensch den 6300 Kilometer langen Yangtse-Fluß hinunterfahren wollte und dabei in den Tongjia-Schluchten umkam. Zhu hat Ungemach auf sich genommen, da es bei der Herstellung des Filmes (Produktionskosten etwa 150000 Mark) an vielem mangelte – unter anderem auch an Doubles. Also ist Zhu bei gefährlichen Partien an Bergwänden oder in Strudeln selber angetreten, denn die Stuntmen waren entweder krank oder zu alt. Schwierigkeiten hatte das 50-Mann-Team, das den Fernsehfilm innerhalb von drei Monaten drehte, auch etwa an der Quelle des Yangtse, da die Arbeiten in dem über 4000 Meter hoch gelegenen, schwer erreichbaren Gebiet nicht nur große Transportprobleme mit sich brachten, sondern der Sauerstoffmangel die Bewegungsfähigkeit behinderte.

Ob denn nicht an wirtlicheren Orten mit ähnlicher Kulisse

hätte gedreht werden können? „Nein, wir wollten die Wahrheit zeigen, auch die wirkliche Quelle des Flusses." Im Gespräch mit Zhu flackern hin und wieder Pioniergeist und unbedingte Treue gegenüber Vorbildern auf. „Schließlich hat Yao als erster versucht, den Yangtse hinunterzufahren; also mußten wir das auch an Ort und Stelle filmen." Die Reaktion der Zuschauer auf den in drei Teilen gezeigten Film? Über 200 Briefe hat er erhalten, zum Teil nur mit der Adresse: Zhu Shi-mao, Peking. Viele beklagten sich über die späte Sendezeit, die bis nach Mitternacht reichte; einige boten sich für künftige Filme als Double an. Antworten kann er nicht allen, seine Frau fungiert als „halbe" Sekretärin.

Zhu sieht sich gerne amerikanische Kriminalfilme an. Er meint, chinesische Kriminalfilme seien noch nicht lebensnah. Es fehlt chinesischen Schauspielern wohl an Erfahrung mit dem Milieu. „Haben Sie schon einmal etwas mit Dieben oder Hehlern zu tun gehabt?" Antwort: Nein. Auf einen seiner Filme – als Viehhüter – hat er sich immerhin derart vorbereitet, eine Woche mit einer Pferdezüchter-Familie in der Inneren Mongolei zusammenzuleben. – Seine Zukunft? Er wird bald einen Film über einen Taxifahrer drehen, einen schlichten und wohlmeinenden Menschen, der im Umgang mit seinen Vorgesetzten wenig zu lachen hat, die Zuschauer aber sollen zu lachen haben. Zhu, der zehn Jahre lang Theater spielte, den Film aber vorzieht, kann sich vorstellen, später auch Regie zu führen. Er könnte am Südpol einen Film drehen, ein Regisseur hat ihm dies angeboten. Zhu, der Abenteuer liebt, aber über das Meer fahren müßte, denkt noch über das Angebot nach. Denn er wird leicht seekrank.

Shandong-Küche oder „Großer Topf"

Wie oft sind wir schon daran vorbeigefahren, ohne darauf zu achten. Von der dritten Ringstraße biegt man nach Norden ab auf die sechsspurige Straße, die zu den dreizehn Gräbern der Kaiser der Ming-Dynastie führt, die „Autobahn", auf der einem immer Geistereselskarren oder Geisterradfahrer entgegenkommen – wie gut, daß es hier noch keinen Verkehrsfunk gibt, die Verwirrung wäre unmäßig. Gar nicht weit, nach fünf-, sechshundert Metern auf der rechten Seite, liegt ein erlesenes Restaurant mit dem Besten, was die chinesische Küche zu bieten hat. Natürlich Shandong-Küche. Denn welche Speisen, wenn nicht die von der östlichen Halbinsel, wären besser geeignet, den Ruhm chinesischer Köche über die Grenzen des Reichs zu verbreiten? Kantonesisch? Süßlich und schlapp. Sitschuan-Küche? Einfallslos scharf. Peking-Ente? Genau – die gesamte nordchinesische Küche hat ihre Ahnherren (Frauen haben auch in China selten als Köche Ruhm geerntet) auf der Halbinsel, die Küche der Hauptstadt stammt aus Shandong, wiewohl heute gedankenlose Köche in Peking gern sämtlichen Speisen zum Schluß noch einem Schuß Öl zusetzen – den Menschen aus Shandong ist dies ein Greuel.

Herr Li, sein Vorname lautet Nan – mit „männlich" oder „Sohn" kann das übersetzt werden, er hat noch zwei ältere Schwestern, keine Brüder –, ist von hoher Statur, schnörkellos, ein Mensch, dem man nach fünf Minuten zu- oder abgeneigt ist. Li Nan, dreißig Jahre alt, ist der Manager des „Du yi ju"-Restaurants, des „Einzigartigen". Er hat sich für den Aufbau des „Einzigartigen" herumgeschlagen. Vor einigen Jahren hatte er dank Beharrlichkeit, der richtigen Beziehungen wohl auch, genügend Geld (über 200 000 Mark) vom Staat zur Verfügung gestellt bekommen, um ein Restaurant aufzubauen. Im westlichen Stil wollte er das Restaurant nicht errichten: er hat sich in modernen Hotels hier in Peking umgeschaut, in ihnen fehlte es ihm an Behaglichkeit. Der chinesische kaiserliche Stil aber sagte ihm auch nicht zu: Immer, wenn er den Kaiserpalast besuche, fühle er sich erdrückt, dort rieche es nach Sargluft. Li dachte zwei Wochen nach, besann sich seiner Heimat, des Ortes Yan-tai in Shandong, besann sich des Satzes, daß die beste Kunst darin bestehe, Überflüssiges wegzulassen, und entschied sich für einen traditionellen Baustil, der an den der Fischerorte zu Hause gemahnt. Einen vernünftigen Architekten hat er nicht bekommen. Mit einer staatlichen Bauarbeitertruppe begann er den Aufbau des

„Einzigartigen". Doch es gab Ärger, der Truppführer verlangte – nachdem die Bedingungen geregelt waren – mehr Lohn, ließ streiken. Nach dem zweiten Streik feuerte Li die Mannschaft. Dreißig Bauarbeiter blieben bei ihm. Der Truppführer nahm alle Materialien und Gerätschaften mit, eines Nachts wurden sie zurückgeholt.

Es ist Winter, Li schläft auf der Baustelle, sie schaffen mit dem Fahrrad, mit Karren Materialien heran. Li geht nicht zum Friseur, er ißt vier Monate lang nur Instantnudeln. Die 30 Arbeiter machen mit. Natürlich muß er sich auch mit der Bürokratie herumschlagen, dies und jenes, so meinen Beamte, tun wir aber nicht, ein Dach aus Seegras sei nicht möglich, und so fort. Li baut mit seinen Getreuen das Haus auf 1100 Quadratmetern auf, manches mußten sie aus Erfahrung lernen, also zwei oder dreimal wieder abreißen. Heute sieht alles immer noch manierlich aus – wahrlich keine Selbstverständlichkeit in China, wo Prestigeobjekte oft nach Monaten schon heruntergekommen sind.

Hinter dem Eingang rechts ist das Restaurant für die Leute mit dem guten Geschmack, mit dem dünneren Portemonnaie. Man bestellt, die Bedienung schreibt auf, kassiert auch gleich. Die Tischdecken sind grau, das vielfältige Essen ist ausgezeichnet. Und wer nur mit dreißig „Jiao-Zi", gefüllten Teigtaschen, vorliebnehmen möchte, dem reichen zwei Mark für das Mahl. Täglich sitzen hier von zehn Uhr morgens an – um diese Zeit öffnet das „Einzigartige" – an den etwa zwanzig Tischen Leute, die nicht zu den oberen Einkommensschichten der Volksrepublik zählen. An der Decke hängen Kürbisse, Weintrauben aus Plastik, an den Wänden papierene Drachen aus Shandong. Aus versteckten Lautsprechern schallt Musik, auf Wunsch wird sie leiser gestellt.

Das „Du yi ju" aber bietet 1114 Gerichte, wer rechts nicht speisen will, der begebe sich nach links. In dem nach Shandonger Art eingerichteten großen Raum stehen weiß gedeckte Tische, nebenan warten noch drei Kabinette für jeweils zwölf Personen, Kanapees stehen dort, zum Genießen der Vorfreude und zur Entspannung danach. Wir halten die Zahl von 1114 Kostbarkeiten für übertrieben, bräuchten wir doch mindestens ein halbes Jahr, um sie zu durchschmecken. Drei alte

Köche, natürlich aus Shandong, Freunde der Familie, sorgen für das Wohl der chinesischen Gourmets und der ausländischen. Sie sind erfahren, Köche schon in der fünften oder sechsten Generation. Natürlich versuchen andere Etablissements der Hauptstadt, denen an ihrem Ruf noch etwas fehlt, die drei abzuwerben. Aber nein, sie bleiben bei Li Nan, und das liegt sicherlich nicht an ihrem überdurchschnittlich hohen Gehalt. Sie bilden zehn Jung-Köche aus, um die Kunst der Shandong-Küche zu bewahren, die Jungen legen für ihre Arbeit hier ein Gelöbnis ab.

Links ist es teuer, vierzig bis vierhundert Mark kostet dort pro Person ein Bankett – nach Umfang, nach Zahl der servierten „berühmten Gerichte", achtzehn sind im Repertoire der Meister enthalten. Glutamat wird nicht verwendet, die Speisen brauchen es nicht, sagt Li Nan, weil nur hochwertige, frische Produkte, alle aus Shandong, selbst die Soja-Sauce, verwendet werden. Allein für Suppen im „rechten" Trakt wird Glutamat benutzt; dort muß es schneller gehen, das Puder ist bei derartiger Zubereitung hilfreich für die Entwicklung des Geschmacks. Li hält nichts von Glutamat, er vermutet, es sei vielleicht in den fünfziger Jahren aus der Sowjetunion nach China gebracht worden. In den fünfziger Jahren auch ist nach seiner Meinung der chinesischen Kochkunst schwerer Schaden zugefügt worden. Damals wurde der „große Topf" durchgesetzt – Kantinen für viele, der „kleine" – die familiäre Küche, die Spezialitäten-Restaurants – wurde malträtiert. Die Shandong-Küche hat überlebt, weil sie auf langer Tradition beruht, anders als die der Hauptstadt, sagt Li. Ende der fünfziger Jahre waren wegen Mißwirtschaft im „großen Sprung nach vorn" und wegen Naturkatastrophen viele Chinesen dem Hungertod nahe oder starben an Unterernährung.

Li, der nicht raucht, Alkohol nicht trinkt – obwohl im „Einzigartigen" das einzigartige dunkle Bier aus der ehemals deutschen Brauerei in Tsingtao, Provinz Shandong ausgeschenkt wird –, erzählt gerne von seinem Großvater. Der sei ein typischer Shandong-Charakter gewesen: groß, standfest, der sich für Gutes einsetzte, das Böse bekämpfte. Während der sogenannten Kulturrevolution schrieb der junge Li einen

Spruch auf, als Scherz gemeint: mit dreißig Jahren auf eigenen Füßen stehen, mit vierzig eine Karriere aufgebaut haben. Sein Lehrer kritisierte das damals – es paßte wohl nicht in den Zeitgeist. Der Großvater aber lobte ihn, spendierte ihm ein großes Essen – der Spruch mag wohl in die Tradition der Li-Familie passen.

Wer je von der dritten Ringstraße nach Norden abbiegen sollte auf der Fahrt zu den Ming-Gräbern: Das „Du yi ju" liegt rechter Hand. Und links, im Bankett-Saal, hängt ein Bild vom alten weisen Konfuzius – auch er ein Sohn der Provinz Shandong.

Herr Li, fliegender Grünschnabel

Was verbindet Chinesen mit Eskimos? Beide können nicht Skilaufen. Das ist erstaunlich. Denn im harschen Winter müssen sich beide Völker mit Schnee herumschlagen. Gut, diejenigen im chinesischen Süden sitzen zwischen Reispflanzen, unter Mangobäumen, anders als ihre Brüder im Norden oder auf Grönland. Dennoch werden weite Landesteile Chinas im Winter von Schnee heimgesucht. Warum also keine Skifahrer aus dem Reich der Mitte bei den Olympischen Spielen in Calgary?

Natürlich stimmt unsere Eingangsbemerkung nicht hundertprozentig. China zum Beispiel schickte drei Skifahrer nach Kanada für den Langlauf. Peking entsandte außerdem noch zwölf weitere Athleten – sechs Eisschnelläufer und sechs Eiskunstläufer: macht 15. Nun wird niemand behaupten, das volkreichste Land der Erde wäre damit angemessen in Calgary vertreten, es sind noch nicht einmal so viele wie 1984 in Sarajevo. Hinter der Entscheidung für ein so begrenztes Aufgebot – das gar nicht zu dem neuerlich erwachten chinesischen Medaillenhunger zu passen scheint – steckt die Einsicht in die eigene Unzulänglichkeit. Denn während Chinesen in Badminton, Tischtennis, Volleyball, beim Turnen, in der Leichtathletik zur internationalen Elite gehören, beim Boxen, im Fußball Fortschritte machen, bleibt ihnen der Erfolg in den kalten Sportarten versagt. Das hat einen einfachen Grund: kein pragmatisch denkender Chinese – und die Zeitläufe ihrer alten Geschichte haben die Bewohner des Landes gelehrt, an das Überleben zu denken – käme auf die Idee, ohne Not bei Wind und Wetter beschneite Hügel hinunterzupreschen, wo sich doch auf der Ofenbank in den warmen vier Wänden die Zeit viel besser über einer Tasse Tee verbringen läßt.

Mit dem Eislauf jedoch hat es eine andere Bewandtnis, zumindest seit etwa dreihundert Jahren, zu Zeiten der letzten, der Qing-Dynastie. Wir haben vor uns die Abbildung eines fast sechs Meter langen Seidengemäldes, es stammt aus der ersten Hälfte des 18. Jahrhunderts und ist aufbewahrt im alten Kaiserpalast zu Peking. Auf ihm tummeln sich an die hundert Eisläufer. Was heißt tummeln? Sie schießen auf ihren flachen Schlittschuhen, ähnlich gebaut wie „Holländer", über eine in zweifacher Spiralform gebogene Eisbahn – auf dem See westlich der kaiserlichen Wohnungen. Im Abstand von zwei Metern wirbeln da je ein Bannerträger, eine Fahne am Rücken befestigt, und ein Bogenschütze mit einigen Pfeilen im Köcher über das Eis. An zwei Stellen ist ein Gerüst aufgebaut, von dem ein „Ziel", ein papierner Ballon wohl, herabhängt. Rauscht der Schütze darunter durch, muß er sich geschwind drehen, nach oben zielen, den Pfeil abschießen, den Ballon treffen. Eine herrschaftliche Schlittensänfte steht neben einem der Gerüste, in ihr ist nur eine Vase mit weißblühenden Zweigen zu erkennen. Wir nehmen an, daß sich der Kaiser selbst darin befindet, um sich den langen Pekinger Winter durch derlei Kurzweil zu vertreiben. Denn die Belustigung war nicht nur gedacht für die Verbreitung des von den Mandschus geliebten Sports, sondern auch zur Überprüfung der militärischen Fähigkeiten der Akteure. Vom schlitternden Schuh wurden nicht nur Pfeile abgeschossen. Wettrennen gehörten zum Programm, genauso wie akrobatische Einlagen etwa nach Art des „auf einem Bein stehenden goldenen Hahnes".

Die Zeiten, sie sind vergangen. Heute müssen Chinesen sich vergleichen mit Kraftpaketen, die Eiskurven kratzen. Die Damen Wang, für 1000 und 1500 Meter, sowie Zhang für

3000 Meter haben sich in Deutschland auf Calgary vorbereitet. Hätten sie eine Medaille gewonnen, die kleine chinesische Eisschnellauf-Gemeinde stünde kopf. Klein ist sie, weil sich in China die Einsicht noch nicht durchgesetzt hat, daß auf dem Eis tatsächlich Aspirationen des Mutterlandes gefördert werden könnten. Allenfalls dem Kunstlauf mögen chinesische Enthusiasten ein wenig Spaß abgewinnen, bleibt in ihm doch die Tradition kaiserlicher Akrobaten des Winters lebendig. In Peking, überhaupt im ganzen Nordosten des Landes, aber wird im Winter Eis vornehmlich als Mittel gesehen, schneller über Ströme oder Seen zu gelangen. Die aus dem Osten Europas stammende, nun auch hier ausgebrochene Lust einiger weniger, eine eisige Decke zu durchschlagen, um ein oder zwei Minuten in kaltes Wasser zu tauchen, wird von den meisten einheimischen Zuschauern allenfalls milde belächelt.

Für den Wintersport in China besteht dennoch Hoffnung. Auf einem Titelblatt der Monatszeitschrift „China Sport" fegt der Soldat Li Guang-quan auf Skiern durch den Schnee. Im Inneren der Publikation sind Bilder zu sehen mit siegreichen Abfahrtsläufern, die ganz in der Manier westlicher Champions ihre westlichen Marken-Ski werbewirksam im Arm halten. Biathlon, Langlauf, auch Eishockey stehen bei größeren Veranstaltungen auf dem Programm. Der Skispringer Li Baoquan ist zweimal abgebildet, beide Male mit vorsorglich nach hinten abgewinkelten Armen, nicht geschlossenen Beinen, mit allenfalls vorsichtig nach vorn geneigtem Körper: Einmal heißt die Textunterschrift, seine Haltung zeige, daß er noch ein Grünschnabel sei. Die zweite Unterschrift: Skispringen ist ein Neuling im chinesischen Wintersport, die unreife Vorstellung des Siegers Li sei daher verständlich. Doch Herr Li wagt das Fliegen schon. Er hat inzwischen in China qualifizierte Beobachter, die ihn an anderen, internationalen Maßstäben messen können. Derartiges Interesse verheißt für China Gutes – wie auch die Gründung des ersten privaten Wintersportclubs in der nordöstlichen Stadt Harbin.

Die schönsten Frauen Pekings

Die Erklärung klingt plausibel: Wir stellen keine Männer im Vermittlungsdienst ein, weil sie eine tiefe Stimme haben. Das mag wohl nicht unwahr sein. Aber: Wer im dritten Stock des hohen Gebäudes auf der westlichen Chang-An-Avenue die Arbeitsplätze auch nur kurz gesehen hat, dem wird – in allen Ehren – schnell deutlich, warum Männer hier überhaupt nicht konzentriert arbeiten könnten. Die schönsten jungen Frauen Pekings versehen auf diesem Flur ihren Dienst, 24 Stunden an jedem Tag, auch während der nationalen Feiertage. Sie verbinden Peking über das Telefon mit dem Rest der großen Welt, also erst einmal täglich 40000mal mit anderen Orten in China, außerdem noch 75000mal in jedem Monat mit dem Ausland. 1978, als sich das Land wieder dem Ausland öffnete, waren es von Peking aus 130000 internationale Gespräche – im ganzen Jahr 1978, wohlgemerkt. Am stärksten gefragt sind Verbindungen nach Hongkong, Japan, den Vereinigten Staaten, das macht die Hälfte der Arbeit der rund 200 jungen Damen aus, die hier in der Auslandsabteilung im Schichtdienst arbeiten, immerhin 50 auf einem Fleck während der hektischen täglichen Phase. Die Bundesrepublik wird drei- bis viertausendmal im Monat antelefoniert. Wer hier arbeiten will, benötigt vernünftige Kenntnisse im Englischen, danach sind Französisch und Japanisch gern gesehen.

Nehmen wir also den Hörer ab, wählen „115“. Manches Mal dauert es vier Sekunden, dann auch wieder vier Minuten, bevor sich eine der freundlichen Stimmen meldet mit „hier Fernamt Peking“, auf chinesisch. Gewünschte Telefonnummer nennen, gerne auf englisch – auch, ob man eine bestimmte Person sprechen möchte; eigenen Namen buchstabieren, eigene Nummer angeben; schließlich die „Kontonummer“, damit die Gebühren in der Kartei eingetragen werden, um sie monatlich über die chinesische Bank abzubuchen. Während wir uns schon auf die Fragen an die daheim konzentrieren, hat die Frau mit der wohltuenden Stimme im Fernamt mit ihrem Kugelschreiber einen Zettel mit unseren Begehren ausgefüllt, auf ein Bord vor ihrem schmalen

Arbeitsplatz gelegt. Eine Botin – als wir uns jüngstens umschauten, war es ein Mädchen in gelben Jeans und Turnschuhen – nimmt ihn an sich, trägt ihn die zehn Meter über das Parkett hinüber zu den Damen, die die wirkliche internationale Arbeit leisten.

Vor ihnen sind Digitaluhren angebracht, den Beginn des Gesprächs tragen sie auf dem Zettel ein, wenn sie – etwa – Frankfurt erreicht haben. Durch den Hörer bei uns dringen Pieps-Melodien, ein Pfeifton, ein „go ahead". Der Teilnehmer meldet sich, ist natürlich unvorbereitet auf den plötzlichen Anruf aus China: Ihm fallen also keine vernünftigen Antworten ein, und das nicht nur wegen der hin und wieder auftretenden, gedankenverzögernden Echos, die die Übertragung über die Satelliten hoch über dem Pazifik oder dem Indischen Ozean mit sich bringt. Die Damen notieren das Ende des Gesprächs, telefonieren uns dann noch die Zahl der Minuten durch.

Von Peking aus können die meisten Länder der Erde erreicht werden, zum Teil über größere Relaisstationen, wie etwa in Japan. Ja selbst zu den verfeindeten Brüdern auf der Insel Taiwan sind von der chinesischen Hauptstadt aus Direktgespräche möglich, wohl auch über Tokio – und wohl gar nicht zum Frommen der noch auf Distanz bedachten Nationalisten auf der Insel. Am meisten wird vermittelt nach 21 Uhr Pekinger Zeit, dann ist der amerikanische Osten schon wieder aufgewacht, und in Westeuropa wird immer noch telefoniert. Die jungen Damen in der internationalen Abteilung, ihr Alter beträgt im Durchschnitt 22 Jahre, arbeiten in Schichten, zwischen vier und sechs Stunden pro Tag, 36 Stunden in der Woche. Das ist kurz für China. Aber es ist eine enorme Arbeit – Schulter an Schulter mit all den Kolleginnen, das Mikrophon vor dem Mund, einen Kopfhörer am Ohr –, der Horden von Telefonwütigen, die der Kunst des Schreibens nicht mehr huldigen, Herr zu werden.

Es gibt nicht viele Beschwerden hier im Fernamt. Manches Mal moniert ein Anrufer eine angeblich zu hohe Zahl notierter Gesprächsminuten. Auch gibt es – seltener – Ärger wegen unterbrochener Telefonate. Noch seltener: Auf der Leitung spricht schon jemand, man muß notgedrungen zuhören. „Erhalten Sie über das Telefon auch Aufforderungen zu Rendez-vous?" Ja, schon, antwortet eine erfahrene Telefonistin in den Dreißigern. Sehr selten komme das vor, sagt eine etwas ältere Vorgesetzte. Aber wir trennen Arbeit vom Privaten, sagt die erfahrene jüngere Frau. Nach der Spätschicht um Mitternacht, wenn auch in Peking kaum noch Busse fahren, können die Angestellten in Schlafräumen hier übernachten. Mit fünfzig Jahren werden die Frauen aus dem Fernamt zu Peking pensioniert. Das anfängliche monatliche Grundgehalt beträgt 80 Yuan, knapp 40 Mark, bei Pünktlichkeit und Fleiß können noch 40 Yuan hinzukommen. Solches ist im Angesicht der neuen Prosperität mancher chinesischer Privatunternehmer wenig. Wird private Benutzung der mannigfaltigen Telefonleitungen erlaubt? Nein. Mißbrauch wird geahndet.

Schon ist ein neues Gebäude im Nordosten der Hauptstadt bezogen worden, die automatische oder halbautomatische Vermittlung sorgt nun für eine Verbesserung der internationalen Kontakte. Die liebreizenden Stimmen aus dem sienafarbenen Gebäude des „Beijing Changtu Dianhuaju" verklingen.

Rong Yi-ren

Natürlich bereiten die Preissteigerungen in China jedem Kopfzerbrechen. Die Bevölkerung ist seit langem an eine unveränderte Preisstruktur gewöhnt. In der Vergangenheit stagnierten die Preise, weil sich die Wirtschaft nicht nach dem Wertgesetz gerichtet hat. Nach Ansicht von Rong Yi-ren, dem mächtigsten Wirtschaftskapitän der Volksrepublik China, existierte in seinem Land vor der Übernahme der Macht durch die Kommunisten 1949 eine chaotische Preisstruktur: innerhalb von zwei Jahren sei es damals der neuen Regierung jedoch gelungen, hier Stabilität zu schaffen. Der 72 Jahre alte Rong sagt, in der Folgezeit habe dann jedoch der Staat sämtliche Preise festgesetzt, dabei aber weder die Produktionskosten beachtet noch sich nach Angebot und Nachfrage gerichtet. Von dieser Reglementierung sei auch das Lohnsystem nicht ausgespart worden: Nicht Leistung wurde bezahlt, sondern für jeden der „eiserne Reistopf" bereitgestellt. Oberflächlich gesehen – so Rong – hat der Staat durch Subventionen der Nahrungsmittelpreise die Last getragen, letztlich aber hätten die Massen darunter gelitten, da sich auch an ihrer Einkommensstruktur nichts geändert habe.

Rong, Vorsitzender der „China International Trust and Investment Corporation" (Citic), meint, seit Beginn der Reformpolitik um 1978 sei das Problem offen zutage getreten. Stagnierende Preise und Löhne entsprächen nicht mehr dem Bedarf bei der Entwicklung der Produktionsmittel. Wirtschaftlicher Fortschritt, höherer Lebensstandard und internationaler Austausch stellten größere Anforderungen an die Produktion in China. Es sei daher unausweichlich, daß sich Preise und Löhne nach dem Wertgesetz zu richten hätten. Daß hierbei in der Bevölkerung Unruhe entstehe, sei verständlich. Allerdings bezögen viele Leute tatsächlich höhere Einkommen, sie prahlen nur nicht damit. Ein kleiner Teil, wie etwa Lehrer und Beamte, sei davon jedoch noch ausgenommen. Rong meint, China benötige fünf Jahre für die Reform, das Verständnis der Bevölkerung vorausgesetzt.

Rong Yi-ren, der auch stellvertretender Vorsitzender des chinesischen Volkskongresses ist, leitet ein weitverzweigtes Firmen-Imperium mit einem eingetragenen Kapital von drei Milliarden Yuan (etwa 1,5 Mrd. Mark), das unter anderem im Bankenwesen, Handel, in der Industrie, im Tourismus, auf dem Militärsektor tätig ist und auch im Ausland Niederlassungen unterhält, wie in Frankfurt. Rong stammt aus der Nähe von Schanghai. Selbst enge Mitarbeiter haben Schwierigkeiten, seinen stark gefärbten Akzent zu verstehen. Er arbeitet in einem luxuriös eingerichteten Büro im dritten Stock des hohen Citic-Gebäudes, in dem viele ausländische Firmen ihre Vertretungen untergebracht haben. Eine persönliche Widmung des Fußballspielers Maradonna „A Rong Yi-ren con afect" schmückt die Wand. Hinter seinem Schreibtisch bringt ein Monitor die aktuellen Kurse verschiedener Börsen. Den Spucknapf zu seinen Füßen benutzt er hin und wieder. Rong hat an der St. John's Universität in Schanghai studiert, Praktika in der Mehlfabrik seiner Familie absolviert, später in verschiedenen Fabriken in verantwortlicher Position gearbeitet. Über seine Jugend sagt er nicht viel, auch nicht über die Zeit der sogenannten „Kulturrevolution"; ja, zehn Jahre seien ihm dadurch weggenommen worden, deshalb sei er heute noch nicht in Pension gegangen; auch das rote Büchlein mußte er lesen – und dabei lacht Rong einmal kurz und trocken. Die Rong-Familie ist über die ganze Welt verstreut, vor einigen Jahren trafen sich zweihundert seiner Angehörigen in Peking. Sie kamen aus der Bundesrepublik, aus Amerika, Kanada, Australien, Brasilien, Hongkong und Macao. Sein Hobby? Ohne zu zögern sagt Rong: Denken.

Augen und Ohren
der chinesischen Polizei

Der letzte Mord liegt schon so lange zurück. Selbst altgediente Beamte können sich nicht mehr an das genaue Datum erinnern – hier in der Polizeistation im Osten Pekings nahe dem Sonnentempel, 1983 beim Frühlingsfest war es, oder? Der Eingang zur Station liegt versteckt zwischen einem guten Gemüseladen und einem nicht schlechten Hotel: Links im Tordurchgang ist die Wache untergebracht, mit gehefteten Melderegistern in einfachen Borden hinter einem Tresen. Davor steht eine alte Frau und beklagt den Verlust ihrer Geldbörse, zwei Polizistinnen hören ihr fast zu. Geradeaus ein kleiner Innenhof, umgeben von dreistöckigen Gebäuden. Durch einen Gang, um eine Ecke, drei enge Treppen hinauf – vorbei an einer vergitterten, verschlossenen Tür (ist das die Zelle?), hinein in den Empfangsraum: Flacher, langer Tisch, knarrige Sessel in der Farbe reifer Avocados – wie die Uniformen der Polizisten. Es riecht trotz geöffneter Fenster nach Wachstube, nach ausgetretenen Lederstiefeln, Pergament, Halbschlaf, Eintopf: wie überall auf der Welt.

45 Personen sind hier angestellt. Der 54 Jahre alte Direktor dieser Wache sitzt neben uns, ein sympathischer Mann, seit 36 Jahren im Polizeidienst. Sein Gesicht ist von all den kleinen Gaunern, Dieben, großen Verbrechern, den unruhigen

politischen Zeitläufen der Volksrepublik China gekennzeichnet; bernsteinfarbene Augäpfel, von den Brauen zum Kinn laufende Falten – ein Hofhund, der nicht mehr jeden Marder ankläfft. Neben ihm sein Vorgesetzter: jünger, gut rasiert, ein gebügelter Kragen umspannt den strammen rötlichen Hals, im Gespräch auch nicht unrecht, wiewohl förmlich. Nebenher noch jugendliche Polizisten und Polizistinnen, die alles aufschreiben, mit Blitzlicht fotografieren, über Witze auch einmal spontan lachen.

Von den 45 Leuten gehen 29 Streife, sieben versehen den Innendienst, sechs davon sind Frauen; vier gehören der Kriminalpolizei an: macht 40. Die übrigen fünf stellen die Spitze dar, das Revier ist von Norden nach Süden 2,75 Kilometer lang, von Westen nach Osten mißt es 1,3 Kilometer. Darin wohnen in mehr als 19000 Haushalten etwa 70000 Chinesen, vornehmlich noch in den einstöckigen Häuschen, die um einen Hof gruppiert und von Mauern umgeben sind. Hinzu kommen 3450 Personen aus anderen Teilen Chinas, die hier ein vorläufiges Domizil gefunden haben. In der Gegend sind die Regierungsorgane des Chao-Yang-Distrikts untergebracht, der insgesamt 42 Stationen mit 1800 Polizisten beherbergt, in ganz Peking sind es ungefähr 10000 Beamte, die Verkehrspolizei und alle möglichen anderen zivilen und paramilitärischen Sicherheitskräfte nicht eingerechnet. In der Nähe des Sonnentempels leben auch viele Ausländer in ihren Botschaften zwischen der 2. Ringstraße und der Dong Da Qiao Lu.

Die 29 Streifenpolizisten erkunden jeden Tag einzeln ihr Revier – der Stadtteil ist in 29 Gebiete aufgeteilt – zu Fuß oder mit dem Fahrrad. Die normale Schicht beginnt um acht Uhr morgens, um zwölf essen alle in der Kantine der Station, danach Ausruhen bis zwei Uhr. Wieder Streife bis halb sechs, zurück zur Berichterstattung, um sechs Uhr Feierabend. Wenn nichts Besonderes los ist, wird die Nachtschicht klein „gefahren". Jeder der 29 Streifenpolizisten kennt seine Gegend gut, er genießt Unterstützung durch die Nachbarschafts-Komitees, die sich in chinesischen Städten um Geburtenplanung, Gesundheitsvorsorge, Recht und Ordnung in ihrer Nachbarschaft kümmern – und um mehr. Jeder Streifenpolizist in der Gegend um den Sonnentempel wird von etwa 100 Leuten in seinem Revier unterstützt, sie melden ihm täglich Unruhe, Unzufriedenheit, neue Nachbarn. Diese Informanten – sie Spitzel zu nennen, wäre angesichts traditioneller chinesischer Gesellschaftsstrukturen unangebracht – rekrutieren sich aus arbeitslosen Jugendlichen oder pensionierten Arbeitern. Die Informanten werden nicht bezahlt. Sie können sich aber, anders als Blockwarte in Hinterhöfen, in der Nähe von Polizei-Uniformen sonnen: Im Gespräch mit Offizieren, auch auf dem Sozius klappriger Polizei-Motorräder durch die Gassen der Nachbarschaft fahrend. „Wir wollen die Menschen zu Loyalität gegenüber dem Staat, zur Rechtstreue, zum Vorbeugen von Verbrechen erziehen", sagt der Vorgesetzte, „auch Informationen über die Bevölkerung auf dem neuesten Stand halten." Ob auch die Kriminalpolizisten umherziehen (mit hochgeschlagenem Kragen, ohne grüne Mütze)? „Nein, wir verlassen uns lieber auf unsere Bevölkerung", sagt der Polizist mit dem engen Kragen.

Der jüngste Beamte in dem Revier ist 21 Jahre alt, der Durchschnitt zählt 25 Jahre. Voraussetzung für die Polizei-Arbeit sind Abschluß der Oberschule und, ganz bürokratenfeindlich, die Einsicht, daß man es hier mit harter Arbeit zu tun bekommen könnte, die regelmäßiges Ruhen nicht garantiert. Zwei Jahre Ausbildung auf der Polizeischule in Peking. Der Andrang zum Polizistenberuf ist mäßig, wenn auch der Vorgesetzte mit dem gestärkten Kragen das Gegenteil behauptet. Das Gehalt ist für Stadtbewohner Chinas ausreichend: etwa 100 Yuan – knapp 50 Mark im Monat. Pensionierung mit 60 Jahre, Frauen mit 55.

Die Polizei in China möchte als Vorbild glänzen. Gerne erzählen Beamte die Geschichte, daß einer der Ihren alleinstehenden alten Herren kostenlos die Haare schneidet. Das ist mit Blick der bis auf den Skalp geschorenen vielen alten Männer Pekings keine leere Drohung. Wichtiger ist natürlich die Verbrechensbekämpfung. In der letzten Zeit ist die Zahl der Einbrüche gestiegen, auch gibt es Schlägereien, bei denen Menschen zu Tode kommen. Die Kriminalität ist in Neubaugebieten größer, weil die Polizei in den Hochhäusern noch nicht den rechten Überblick besitzt.

Dort sind wahrscheinlich die schon erwähnten Nachbarschaftskomitees mit ihren eigenen Sicherheitsorganen nicht ausreichend etabliert. Denn auf die stützt sich in China die Polizei. Sie ist ihnen übergeordnet, aber auf ihre Dienste angewiesen. Diese „Sicherheits-Komitees" sind die Augen und Ohren der Behörde, sie melden Überschreitungen, Vergehen, Verbrechen, halten Täter fest oder bringen sie – wenn genug Mann da sind – selbst zur Polizeistation. Dort dürfen Beschuldigte offiziell 24 Stunden oder, nach Anklage, fünfzehn Tage festgehalten werden. Doch es gibt derart viele verschiedene Verordnungen über Arrest und Haft durch alle möglichen Organe, daß selbst dem ordentlichsten Ordnungshüter nach der Festnahme eines Verdächtigen keine grauen Haare wachsen müssen. „Amnesty international" hat dies ausführlich in einem Bericht über China dargestellt.

Sind die chinesischen Polizisten Freund und Helfer? Es ist etwa so wie in Deutschland: ist einem Leid geschehen, sehnt man die Uniformierten herbei; sonst aber sollen sie uns bitte in Ruhe lassen. Ein großer Unterschied allerdings: der Willkür von Polizisten in der Bundesrepublik sind enge Grenzen gesetzt. In diesem Punkt kann China mit seinen feigenblättrigen Paragraphen, die individuelle Freiheiten sichern sollen, vom bürgerlichen Ausland lernen.

Herr Liu weicht Fragen nicht aus

Der 47 Jahre alte Herr Liu Qing-tao spricht recht gutes Deutsch. Er hat es als zweite Fremdsprache auf der Tong-Ji-Universität in Schanghai gelernt (seine erste war Russisch) und dann seine Kenntnisse 1981 in der Bundesrepublik vervollkommnen können. Er war einer der ersten der chinesischen Stipendiaten, die die Carl-Duisberg-Gesellschaft unterstützt hat. Heute ist Liu Direktor der „Peking Maschinenfabrik Nummer eins", des mit 7500 Angehörigen größten Maschinenherstellers in China. Die Fabrik stellt vornehmlich

Fräsmaschinen aller Größenordnungen her, unterhält auch ein eigenes Forschungsinstitut. Die Maschinen verkauft sie hauptsächlich in China, aber auch in fünfzig anderen Ländern. Sie arbeitet eng mit Unternehmen in der Bundesrepublik, Japan und den Vereinigten Staaten zusammen, um fortgeschrittene Technik in China einzusetzen.

Herr Liu gehört als einer der führenden Manager des Landes zu derjenigen Generation chinesischer Unternehmer, auf die zukunftsorientierte Politiker in Peking bei ihren wirtschaftlichen Reformen setzen. Er ist verhältnismäßig jung, gut ausgebildet (als Maschinenbau-Ingenieur), weiß um die auch für die Wirtschaft verheerende Zeit der „Kulturrevolution", während der rote Fahnen und Mao-Plaketten bedeutsamer waren als Produktionsziffern oder Arbeitsmoral. Er hat sich im Ausland umgeschaut, siebzehn Monate lang im Süden und Westen der Bundesrepublik bei Werkzeugmaschinenherstellern Praktika absolviert und besonders Methoden der Unternehmensführung gelernt.

Das Gespräch mit ihm dreht sich um die Reformen in der chinesischen Wirtschaft und Politik. Er weicht Fragen nicht aus, beantwortet sie mit Sachkenntnis und Gespür für das Mögliche. Die Fabrik, 1949 im Osten Pekings mit sowjetischer Unterstützung entstanden, hat das Vertragssystem für Arbeiter eingeführt. Alle neu eingestellten Mitarbeiter erhalten einen Vertrag über fünf Jahre, sie machen inzwischen fünf Prozent der Belegschaft aus. Sie können bei mangelnder Arbeitsdisziplin, auch bei längerer Krankheit entlassen werden. Bei den „normalen" Arbeitern, also jenen, die vor 1986 in den Betrieb eingetreten sind, ist das nicht oder nur sehr schwer möglich. In seiner Fabrik, so Liu, gibt es keinen großen Unterschied bei der Behandlung der beiden Gruppen, wie dies in chinesischen Zeitungen beklagt wurde.

Wen vertritt er? Das Unternehmen oder den Staat? Da dies eine staatliche Fabrik ist, vertritt er den Staat – aber auch den Betrieb: „Ich muß mich für die Entwicklung des Unternehmens einsetzen." An den Staat zahlt die Fabrik derzeit wie alle großen staatlichen Unternehmen 8,4 Prozent der Einnahmen, außerdem noch 55 Prozent des Gewinns. Der Rest, über dessen Verwendung der Direktor selbst entscheidet, wird für

Investitionen, Wohnungen für die Betriebsangehörigen, zum größten Teil jedoch für die Erhöhung der Löhne ausgegeben.

Bei der Verwaltung wird die Unternehmensführung unterstützt von dem „Arbeiterkongreß". Dieser Kongreß achtet darauf, daß sie die staatlichen Bestimmungen einhält. Er kann auch der Regierung vorschlagen, einen Leiter zu entlassen oder zu ernennen. In großen Staatsbetrieben, so Liu, gebe es noch keine Möglichkeit, den Fabrikleiter vom Arbeiterkongreß zu wählen – anders als in vielen, kollektiv geführten Betrieben. In seiner Fabrik ist die Trennung zwischen Partei-Komitee und Leitung vollzogen; das Komitee hilft bei der Verwaltungs- und Produktionsarbeit, es ist der Fabrikführung untergeordnet.

Ob in Zukunft das System der volkseigenen Betriebe in China abgeschafft werden könnte? Nein, das glaubt Liu nicht. Aber er kann sich vorstellen, daß später die Fabrik mit dem Staat Verträge abschließt, Steuern entsprechend ihren Gewinnen zahlt, sich aber selbst verwaltet. Er hält es auch nicht für ausgeschlossen, daß möglicherweise eines Tages der Staat, dem heute 100 Prozent des Kapitals seiner Fabrik gehören, einen Teil davon verkauft; bei mittleren und kleinen Betrieben hat er damit schon begonnen.

Liu arbeitet schon seit über zwanzig Jahren in der Fabrik, seit November 1984 als Direktor. Daher kennt er sich auch aus mit den leidigen „Schwiegermüttern". Das sind andere Unternehmen, auf die die Produktion im eigenen Betrieb angewiesen ist. Für das, was er meint, nennt er ein Beispiel aus Deutschland: Ein Unternehmen dort schließt mit einem Kraftwerk einen Vertrag. Liefert das Kraftwerk, aus welchen Gründen auch immer, den vereinbarten Strom nicht, zahlt es Strafe. Anders in China. Hier müssen Fabrikdirektoren, wie Zeitungen berichten, den „Schwiegermüttern" – auch sie meistens Staatsbetriebe – schön tun, um die Produktion in Gang zu halten.

Um sich der „Schwiegermütter" rasch zu entledigen, wäre in China mehr Marktwirtschaft nötig, basierend auf einem umfassenden Gesetzeswerk. Ansätze sind erkennbar. Herr Liu spricht nicht ausführlich über die Qual mit dieser angeheirateten Verwandtschaft. Er weiß wohl, daß sich derartige

Verhältnisse nicht allzu rasch ändern lassen. Zudem besitzt er ein Gespür für das Mögliche.

Palast der ewigen Harmonie

Ein einsamer Abt residiert im schönsten Kloster Pekings. Nein, ganz alleine ist er nicht, Novizen stehen ihm zur Seite, auch ältere Mönche. Aber in dem Meer der vielen Millionen Bewohner der Hauptstadt, der vielen tausend Touristen, die den Yung He Gung – den „Palast der ewigen Harmonie" – jährlich besuchen, ist er doch nur ein schwacher Geist über den lamaistischen Wassern.

Bo-yun Wu-er-ji entstammt einer mongolischen Familie aus der Provinz Liaoning knapp an der Grenze zur Inneren Mongolei. Er ist Herr über herrliche Obstgärten, die den Eingangsweg säumen zum Tempel hin, eine Straße nur entfernt vom Konfuzius-Tempel im Norden Pekings. Er ist Herr über eine prachtvolle Anlage, in deren fünf Haupthallen und vielen Nebengebäuden unschätzbare buddhistische Kulturgüter zu sehen sind. Und dennoch gemahnt der Abt eher an einen Vater der Touristen. Jeder von ihnen zahlt fünfzig Pfennig Eintritt – viel in China, wo für den Besuch eines Parkes normalerweise drei bis fünf Pfennig ausgegeben werden.

Doch Einheimische und Ausländer drängen sich überall, Lautsprecher der Führer stören die Stille der etwa fünfzig Novizen, die sich hier innerhalb von drei Jahren in den lamaistischen Glauben vertiefen wollen. Sie stammen alle aus der Inneren Mongolei Chinas, zwei auch aus der zentralasiatischen chinesischen Provinz Tschinghai. Tibeter leben hier im Kloster nicht, obwohl der lamaistische Glaube vom Dach der Welt kommt. Die haben dort, so sagt der Abt, genug eigene Klöster, viele auch seien des Hochchinesischen nicht mächtig.

Dem Abt ist die Gebetsperlenschnur in einer Hand erstarrt. Wir trinken seinen Tee, er befördert mit dem feinen, rechten Zeigefinger Schnupftabak aus dem Fläschchen in seine Nasenlöcher. Heute können junge Männer frühestens mit achtzehn Jahren, nach Abschluß der oberen Mittelschule, höchstens mit 25 Jahren in das Kloster eintreten. Er selbst kam bereits mit neun Jahren in ein Kloster, das war 1934, drei Jahre später trat er in das Kloster hier in Peking ein, dessen Abt er heute ist. Nein, die jungen Männer würden zu nichts gezwungen. Vom lamaistischen Glauben müßten sie natürlich schon etwas verstehen, neben Chinesisch auch Mongolisch sprechen. Da wird bei der Aufnahmeprüfung verlangt. Heiraten dürfen sie nicht. Ob nach einer Weile Leute weglaufen? Ja, das komme vor, sehr selten aber. „Wir zwingen niemanden, er kann auch zurückkehren."

Um fünf Uhr morgens wird aufgestanden, ab halb sechs wird gebetet, nach dem Frühstück aufgeräumt. Danach widmen sich die einen der Aufsicht in den von Touristen durchfluteten Hallen, die anderen erhalten Unterricht: buddhistische Schriften, Unterricht in Tibetisch, buddhistischer Geschichte, auch Englisch und Japanisch werden gelehrt. Abends können sie außerhalb des Klosters weiterführende Schulen besuchen oder Basketball spielen. Die Bewohner des Klosters erhalten ihre Kleider umsonst, desgleichen Unterkunft, Krankenversorgung; sie zahlen für ihr Essen. Sie erhalten Geld für den eigenen Gebrauch, das dem eines halbwegs wohlhabenden Stadtbewohners außerhalb der Mauern entspricht. Das Kloster bestreitet seine Einnahmen hauptsächlich aus Eintrittskarten, Mieteinkünften aus Immobilienbesitz, Schenkungen von Auslandschinesen und Landsleuten aus Tibet und der Mongolei, die hier opfern, die zeremoniellen Dienste der Mönche in Anspruch nehmen.

Doch selbst Han-Chinesen – sie stellen die große Mehrheit in diesem Vielvölkerstaat – opfern hier. Sie kaufen Räucherstäbchen; auch das bringt manches Geld: denn die Han brennen gleich eine große Zahl von Stäbchen an. Die Richtung, in die der Rauch steigt, zeigt ihnen die Gunst des Schicksals, sagen wir für das kommende Jahr, eine Hochzeit, ein Reise. Die Gläubigen aus der Mongolei oder aus Tibet sind anders: sie opfern die Stäbchen einzeln, opfern ihrer Gottheit – angeblich ohne weltliche Hintergedanken, sparsamer auch.

Der Abt bewegt wieder seine Finger. Links neben mir, entfernt an der Wand, sitzen zwei kahlgeschorene Novizen. Der eine lacht auf dem langen Weg vom Klostereingang bis zum Empfangsraum über meine vielen Fragen, der andere, er wirkt wie sechzehn, betrachtet mich unter halb herabgelassenen Lidern, das flaumbewehrte Kinn ist angespannt. „Wie, Herr Abt, haben Sie das Kloster während der sogenannten Kulturrevolution geschützt?" 1955 hat er seinen „Namen" – Weihe für eine höhere Position – erhalten. Er wurde zum Leiter einer der Hallen bestellt, danach stieg er auf zum Verwaltungschef für das ganze Kloster. Es gab dann während der „Kulturrevolution" Ärger mit einem „da oben" außerhalb des Klosters. Er wurde abgesetzt, in ein Umerziehungslager in der Nähe der Stadt Tientsin geschickt; sechs Jahre lang hat er dort Reis gepflanzt.

Im Jahre 1974 wurde er zurückgeholt. Das Kloster war zwar für die Öffentlichkeit noch geschlossen, aber einflußreiche ausländische Gäste wollten es dennoch besuchen, da brauchte man Fachleute. „Und die Rotgardisten?" Der ehemalige Premierminister Tschou Enlai, er starb Anfang 1976, verpflichtete Schüler der nahe gelegenen Mittelschulen, den Tempel, auch die übriggebliebenen Mönche darin, zu schützen. Nein, so der graugesichtige Abt heute, nein, zu weit auf die Straße hätten sie sich damals nicht gewagt. Sie hätten sich aber sicher gefühlt im Schutze der von Tschou beauftragten Rotgardisten. Diese brachten ja sonst in vielen Städten Not und Angst über die Bevölkerung und zertrümmerten alles, was ihnen nach Kultur roch.

Der Tempel, seit dem Jahre 1979 auch mit viel Geld des Staates restauriert, seit 1981 geöffnet, beherbergt ein Gebäude, in dem auch dem Nichtgläubigen Buddha nahegebracht werden kann: im „Pavillon des ewigen Glücks" steht eine Maitreya-Statue des Buddhas der Zukunft; achtzehn Meter ragt sie in den hohen, engen Pavillon empor. Der kleine Mensch neigt den Kopf in den Nacken, blickt hinauf ins Halbdunkel, sucht nach den Augen dieser Statue. Sie soll aus einem einzigen, aus Tibet herangeschafften Sandelholzstamm geschnitzt worden sein. Acht Meter tief noch reicht sie in die Erde hinein. Der siebente Dalai Lama hat sie dem Kaiser Tschien Lung in der Mitte des 18. Jahrhunderts zum Geschenk gemacht. Der Palast war im Jahre 1694 für einen Sohn des Kaisers Kang Hsi gebaut worden. Dieser Sohn wurde später selbst Kaiser, und einem in jener Zeit geübten Brauch zufolge wurde die ehemalige Residenz eines Kronprinzen als Tempel eingerichtet. Damals hatte der Lamaismus, von Tibet kommend, bereits die Mongolei missioniert, auch der Kontakt zwischen Lhasa und Peking war eng.

Von dem vergangenen Einfluß berichten heute noch die nicht zu zählenden Kostbarkeiten im Yung He Gung, die Skulpturen, die Bibliotheken, die Tankas, auch die männlichen und weiblichen buddhistischen Gottheiten in inniger körperlicher Umarmung – ihre Körper sind heute mit Kleidern verhängt, nur die Gesichter zeugen vom göttlichen Spaße. Dies alles ist umschlossen von einer heiteren, recht chinesischen Architektur, mit einem kleinen Anflug von Düsternis.

In der „Halle des Rades des Gesetzes" setzt gerade Musik ein: Trommeln, Gongs, Posaunen spielen den Baß, über den sich das herzzerreißende Gebrülle der Rinder-Hörner erhebt. Der Raum wird durchwabert vom Qualm der Weihrauchstäbchen, angezündet von einigen alten Männern und Frauen, die sich dann vor Tsung Kapa, Reformator des Lamaismus und Gründer der „Gelben Sekte", und vor der kleinen Buddha-Figur vor ihm niederwerfen. Touristen drängen sich um das Spektakel, das vor langer Zeit einmal alltäglich war.

Zum Abschied hatte Abt Bo-yun Wuer-ji gesagt, sein Leben habe einen Zickzackkurs beschrieben. Heute aber sei er zufrieden, Klarheit herrsche, die Nachfolger seien bereit.

Noch mehr Empfänge

Wang Meng, Schriftsteller war einst chinesischer Kulturminister. Ihm muß die Übernahme dieses Postens schwergefallen sein. Wang, 1934 in Peking geboren, hat als junger Mann die Intoleranz des damals von Mao Tse-tung kontrollierten Lebens zu spüren bekommen: Er veröffentlichte im September 1956 die Geschichte „Der Neuling in der Organisationsabteilung" – von dem Sinologen Gerd Will ins Deutsche übersetzt und bei Suhrkamp erschienen in dem Doppelband „Moderne chinesische Erzählungen". Wang Meng schildert darin die Schwerfälligkeit und Selbstgerechtigkeit, mit der kommunistische Kader ihrer Arbeit nachgingen. 1956 und 1957 konnte eine solche Erzählung noch in der Volksrepublik gedruckt werden, hatte Mao doch dazu aufgerufen, hundert Blumen blühen, hundert Schulen miteinander wetteifern zu lassen. Doch die Kritik intelligenter, begabter, patriotisch gesonnener Chinesen an der Politik der Kommunistischen Partei drohte, deren Autorität zu erschüttern. Mao schwenkte um, bediente sich der weniger Begabten und zertrampelte die hundert Blumen. Wang Meng wurde mit Schreibverbot belegt, in ein Arbeitslager geschickt, schließlich zu den Uighuren nach Hsinkiang im Westen des Reichs der Mitte verbannt. Er blieb dort bis 1977, konnte dann nach Peking zurückkehren, wieder schreiben, Ämter im chinesischen Schriftstellerverband, im chinesischen PEN-Zentrum übernehmen, auch den Posten des Chefredakteurs der Zeitschrift „Volksliteratur". Er stieg in der Parteihierarchie auf. Die Nachtrichtenagentur „Neues China" beschrieb das Ende der zwei Jahrzehnte dauernden Zäsur im Leben dieses Schriftstellers mit den kargen Worten: Das Unrecht wurde wiedergutgemacht, seine literarische Karriere 1979 wiederaufgenommen.

Aber nicht allein sein Schicksal muß es Wang schwergemacht haben, eine solch herausragende Rolle im chinesischen Staatswesen zu übernehmen. Vielmehr kamen nun noch mehr Empfänge in – und ausländischer Delegationen auf ihn zu, die ihn vom Schreiben abhielten. Außerdem ist der Posten des Kulturministers in China ungleich aufreibender als in vielen anderen Staaten, in denen sich Kultur und Politik weniger aneinander reiben. In China ist dies – nicht erst seit der Machtübernahme durch die Kommunisten – ganz anders: kulturelles und politisches Leben lassen sich hier nicht voneinander trennen. Die Herrscher kümmerten sich immer schon besonders um das geschriebene Wort, auch um Bilder oder Theatervorführungen. Denn sie mutmaßten, ihr Ansehen in der Bevölkerung könnte durch hervorragende Künstler, die mit vorgehaltener Hand arbeiteten, der Lächerlichkeit preisgegeben werden. Und sie mutmaßten richtig. Ein Großteil der schärfsten Kritik an chinesischen Mißständen spielte sich immer wieder in wissenschaftlichen Abhandlungen mit einschläfernden Titeln oder in Kurzgeschichten mit unschuldigen Überschriften ab.

Möglicherweise hatte Wang Meng dieses Amt angenommen, weil er sich sicher war, daß die verlorene Zeit in der Volksrepublik vorüber sei, auch weil er als Opfer politischer Kampagnen skeptische Intellektuelle ermutigen wollte zum Beharren auf ihren Ansichten, die sich allenfalls durch Erfahrung, Diskussion, nicht aber mehr durch Gewalt von oben ändern sollen. Es war vergeblich.

In Pekings Ochsengasse steht ein Minarett

Der Imam Dawud Shi Kunbin, Jahrgang 1927, strahlt Würde aus. Sie wird gespeist aus dem Gefühl, mit seiner Gemeinde hier in der Ochsengasse der Hauptstadt eng verbunden zu sein und in der weltweiten Gemeinde Fürsprecher zu haben, denen heute auch das in der Nähe des ehemaligen Kaiserpalastes residierende Politbüro sein Ohr leiht. Das Fundament, auf dem solche Würde wachsen konnte, ist seine Religion. Der Imam ist ein „Hui".

Die Hui sind eine von zehn in China lebenden muslimischen Volksgruppen, „Minoritäten", wie sie hier heißen. Zu ihnen gehören auch die Kirgisen, Tataren, Uighuren, Kasachen, Usbeken, Salla, die Tunghsiang und Paoan, die Pajik. Die neun zuletzt genannten haben einen von den „Han"-Chinesen verschiedenen ethnischen Ursprung, sie haben mongolische, türkische oder persische Vorväter. Die Hui gehören zur chinesischen Rasse, sie unterscheiden sich von der Mehrheit ihrer etwa eine Milliarde Landsleute durch ihren muslimischen Glauben, die hiermit verbundenen Regeln für das Leben und den Tod. Die Hui, die vornehmlich in der Nähe des Meeres und großer Flüsse leben, auch in den Orten nahe der Seidenstraße, haben Vorfahren, die zum Islam übertraten oder die gegen eine Heirat ihrer Tochter mit einem einflußreichen Araber oder Perser nichts einzuwenden hatten. Dies liegt lange zurück, viele hundert Jahre – und wer wollte heute noch stolz darauf sein, das sein Familienname etwa „Ma" lautet, Ma für Mahmud?

Doch die Hui, wiewohl ihren chinesischen Brüdern recht ähnlich, sehen wir von gepflegten Bärten und weißen, gestickten Baumwoll-Käppchen der älteren Herren ab, sind stolz auf ihr Sein als Hui. Worauf dieses Sein beruht? Auf dem Koran. Fünfmal am Tag wird gebetet. Die große und die kleine Waschung sind zu vollziehen: die große nach der geschlechtlichen Vereinigung, nach Geburt, nach Menstruation; die kleine vor den Gebeten: Mund, Nase, Gesicht spülen, Hände und Beine waschen, auch die Genitalien. Wichtiges Fest, zumindest für die aktiv Beteiligten, ist die Beschneidung eines jungen Gläubigen, in der Klinik heutzutage. Ein im Islam unerfahrener Chinese fragt besorgt, ob das denn die Muslime nötig hätten. Wichtig sind auch der Fastenmonat Ramadan, die Pilgerfahrt nach Mekka, rituelle Schlachtung und das Meiden des Schweins.

In der Volksrepublik China leben nach offiziellen Angaben über 14 Millionen Muslime, die Hui stellen davon etwa die Hälfte. Die Hauptstadt selbst beherbergt 180 000, in der Gegend der Ochsengasse sind sieben von zehn Bewohnern Hui, 38 000 leben in der Nähe der größten Moschee Pekings. Von außen ist nicht viel von ihr zu sehen: eine graue Mauer, gekrönt von einem Pavillon mit grünen und roten Ziegeln, davor ein Holztor, durch das keiner geht, es ist abgeriegelt, auch noch mit einem Gitter versperrt. Der Gläubige wendet sich nach Süden, schreitet durch eine unscheinbare Pforte, vorbei am Badehaus der Frauen, links wieder durch ein kleines Tor – und er ist umfangen von einer großen Ruhe .Auf der Mauer hinten döst eine Katze, ein seltenes Tier hier in Peking; das Minarett hockt behäbig zwischen all den anderen flachen Gebäuden, es ist vielleicht zehn Meter hoch, recht niedrig für einen Muezzin: Früher durfte niemand Bauwerke errichten, die höher waren als diejenigen des Kaisers. Die Moschee ist fast eintausend Jahre alt, sie ist von Nasruddin gebaut worden, dem Sohn eines Arabers, der 996 nach China kam, um den islamischen Glauben zu verbreiten.

Zum ersten Mal wird um drei Uhr morgens zum Gebet gerufen, alte Männer hauptsächlich folgen tagsüber dem Ruf, die Jüngeren arbeiten in Fabriken, Büros, sie holen abends ihre Gebete, die Waschungen nach. Die Moschee wird von Osten betreten, die Gläubigen knien nieder in Richtung der untergehenden Sonne, dort liegt Mekka. Eintausend Menschen können sich hier zum Gottesdienst versammeln, rechts hinten der durch ein mannshohes Tuch abgeteile Raum für Frauen. Träger, Balken, Decken sind bemalt mit leuchtendem Grün, kräftigem Rot, die Ornamente entstammen der chinesischen traditionellen Innenarchitektur, die Bögen zieren goldene Worte aus dem Koran, in Arabisch; zweieinhalb Kilogramm Gold wurden dafür bei der letzten Renovierung vor einigen Jahren vermalt. Langblättrige Ventilatoren sorgen im Sommer für Kühle, es riecht nach nackten Füßen, im Winter pusten moderne Heizkörper Wärme in diese großzügige Gebetshalle.

Wie wird man Imam? Der Vater Dawud Shi Kunbins war Händler in der ostchinesischen Provinz Shandong, ein Muslim. Shis Großvater bestand darauf, daß sein Enkel in einer Moschee ausgebildet werden sollte. Eintritt mit sechs Jahren: Essen und Tee zubereiten, Saubermachen, an den Gebeten teilnehmen, den Koran auswendig lernen. Damals hieß es: Ein strenger Lehrer bringt gute Schüler hervor – Dawud Shi Kunbin hält auch heute an dieser Auffassung fest. Er wurde 1950, in recht jugendlichem Alter, selber Imam, nach Lehrjahren in den Städten Peking, Tientsin, in der nahe gelegenen Provinz Honan. Er hat früh geheiratet, seine Frau ist auch eine Hui.„Und wenn ein Nicht-Hui als Ehepartner ausersehen ist?" „Der oder die muß natürlich zu unserem Glauben übertreten." Dazu wird ein Antrag gestellt, ein Lebenslauf beigefügt, auch eine Erklärung, daß man freiwillig zum Islam übertritt. Unterricht im Koran folgt.Und die vom Imam vollzogene religiöse Eheschließung bindet den bislang Nichtgläubigen fest in die Glaubensgemeinschaft ein.

Die chinesischen Boxer haben keinen Ruf zu verlieren

Ist das schon Boxen oder noch Ringen? Die Antwort fällt schwer, besonders in den leichteren Gewichtsklassen. Da prügeln sich zwei schmächtige Kerle nach allen Regeln der Kunst. Sie tragen Lederhelme am Kopf, Handschuhe, deren vordere Hälften weiß makiert sind, Zahnschutz hinter den Lippen. Ein Schiedsrichter in weißem Hemd, mit schwarzer Fliege tänzelt durch den Ring. Aber was machen die Kämpfer? Kaum verklingt die Glocke, prügeln sie aufeinander ein, daß einem mindestens das Hören vergehen möchte: Schläge unter die Gürtellinie, auf den Hinterkopf des Gegners. In der zweiten Runde kriegen sie kaum noch die Arme hoch, gehen mit gesenktem Kopf in den Clinch, werfen den Gegner nach alter Judo-Manier auf den Boden und fallen – selbst in Gottesanbeterinnen-Haltung erstarrt – gleich mit auf die Bretter. Während der dritten drei Minuten dann kaut der kundige Zuschauer besser an seiner Havanna, derweil die Amateure ihre Fäuste wie Dreschflegel ins Leere schleudern.

„Welcome to hard times" – Willkommen beim Boxen in China. Die Faustkämpfer aus dem Reich der Mitte können gar nicht schlechter sein als ihr Ruf – sie haben keinen. Das ist nicht ihre Schuld. Ende der fünfziger Jahre entschieden verantwortungsbewußte Politiker, daß es nun ein Ende haben müßte mit der Totschlägerei im Ring: Sie verboten im März 1959 das Boxhandwerk, nachdem mehrere Faustkämpfer zu Tode gekommen waren. Doch die Zeiten, sie ändern sich, sie sind wissenschaftlicher geworden. Neben dem Ring warten heute Ärzte mit Erfahrung, Trainer mit Verantwortungsbewußtsein; im Ring stehen Schiedsrichter mit dem Blick fürs Wesentliche, der den Killerinstinkt des Siegertypen blitzschnell erkennt, den schon angeschlagenen, späteren Verlierer fairerweise bis acht anzählt – notfalls dreimal, bevor der Mann mit den stärkeren Oberarm-Muskeln, dem schnelleren Ducke-Kopf, den flinkeren Tanzbeinen den gegnerischen Tölpel endgültig zu Boden schlägt. Die Zuschauer – unter ihnen viele junge Damen in modischem Aufzug – sind erfrischend parteiisch und unterstützen lautstark ihren Champion: den stärkeren oder, bei internationalen Wettbewerben, den chinesischen Faustkämpfer.

In China ist der Boxsport 1987, nach 28 Jahren Pause, beileibe nicht aus Überlegungen zur Körperertüchtigung plötzlich wieder gesellschaftsfähig geworden. Die Wut über verlorene Medaillen vielmehr – bei den asiatischen Spielen 1986 in Seoul – verhalf diesem Sport, der von unbelehrbaren Chinesen seltsamerweise immer noch mit Straßenschlägerei verwechselt wird, zu ein wenig Renommee. Früher schon, im Dezember 1979, hatte ein Politiker Muhammad Ali empfangen und ihn um Trainingshilfe gebeten – die Wiedergeburt des Faustkampfes war eingeleitet. Ausländer hatten ja um die Jahrhundertwende diesen Kampfsport nach China eingeführt, wenn auch heute gerne einem Auslandschinesen namens Chen diese Ehre aufgebürdet wird: er habe 1924, von Australien zurückgekehrt, in Schanghai einen Box-Club eröffnet. An den Olympischen Spielen 1936 in Berlin nahmen zwei chinesische Boxer teil, sie kamen nicht weit. Während des Krieges gegen Japan gab es keine Boxwettkämpfe. 1953, nach dem Tode eines Faustkämpfers, wurde der Sport für drei Jahre verboten, 1959 dann für unbestimmte Zeit. Doch heimlich, hinter verschlossenen Türen, wurde weitertrainiert.

Heute sind etwa wieder 2000 Kämpfer im Land als Amateurboxer ganztags aktiv, in allen zwölf Klassen – wiewohl an schweren Männern noch Mangel herrscht. Sie werden vornehmlich trainiert von Herren im fünften, sechsten Lebensjahrzehnt, deren Karriere 1959 ein jähes Ende nahm. Der unbändige Ehrgeiz der jungen Faustkämpfer Chinas muß in halbwegs vernünftige Bahnen gelenkt werden: sie sollten lernen, mit den Regeln zu leben und mit ihren Kräften wirtschaftlicher umzugehen, um auch noch in der dritten Runde die Fäuste zumindest auf Kinnhöhe hieven zu können. Eine solche Haltung dient der eigenen Gesundheit, sie ist auch Vorbeugungsmaßnahme gegen die Dresche, die internationale Boxanhänger selbstredend auch ihren chinesischen Freunden angedeihen lassen möchten.

Im Tower von „Beijing Feijichang"

Wem Gott will rechte Gunst erweisen – den schickt er vielleicht einmal in den dreizehnten Stock des Pekinger Flughafens. Allerdings nur dann, wenn das Wetter mitspielt. Dann nämlich sind der Lebensfreude des Menschen dort kaum Grenzen gesetzt. Im Norden die Berge – mit dem Fernglas sind selbst Mauerabschnitte zu erkennen –, starker Nordwind, Blick zurück auf die Hochhäuser Pekings im Süden, Sicht 100 Kilometer. Bei herbstlichem Sonnenschein sollten sich die sechs Mann aus dem hundert Quadratmeter großen Raum hinausbegeben auf die Balustrade, um sich von der Lebensspenderin bräunen zu lassen.

Dagegen spricht aber zweierlei. Kein vernünftiger Mensch, und die Chinesen sind vernünftig, will braun werden.Zweitens: Die Arbeit ruft. Denn der Flughafen der chinesischen Hauptstadt, der vom dreizehnten Stock aus mit seinen zwei parallelen Landebahnen so friedlich daliegt und von wo man aus vierzig Meter Höhe nicht die geschundenen Langstreckenreisenden sieht, die unten an Laufbändern nach ihren Gepäckstücken gieren, nach ihren Pässen, Zoll- und Gesundheitsformularen suchen, ist „busy": In den Stoßzeiten starten und landen dort täglich 192 Linienflugzeuge – nicht mitgezählt die Flieger für wichtige Personen und für Chartergäste, die noch dazwischengeschoben werden. Natürlich wird ein Fluglotse in Frankfurt oder Chicago das nicht aufregend finden. Er kann sich jedoch sicher sein, daß die Fluglotsen in Peking nicht um Anerkennung heischen. Denn viele von ihnen haben während ihrer Ausbildung ausländische Flughäfen mit mehr Verkehr kennengelernt.

Seien wir ehrlich: Wir verstehen nicht die Abkürzungen, auch nicht die englischen Langversionen,die die Fluglotsen von Peking im chinesischen Gespräch mit uns benutzen. Monitoring Procedure Control, RVR, System Procedure, o.k. Sechs Männer sitzen hier oben an diesem herbstlichen Nachmittag. Rauchen ist verboten, also muß ein Aschenbecher beschafft werden. Auf dem Radar-Bildschirm ist eine chinesische Maschine zu erkennen, die sich von Westen – über die

Berge mit der Mauer – an Peking heranmacht. Die Boing 747 kommt aus Frankfurt, hat den Himalaya südlich umflogen, ist dann nach Norden gegangen. Nun hängt sie am Schirm, ihre Position rutscht immer weiter nach rechts, nach Osten – Höhe, Geschwindigkeit werden auf dem Schirm nicht automatisch angezeigt. In zehn Minuten muß sie über den Bergen zu sehen sein. Glas zur Hand. Tatsächlich: Ein weißer Punkt ist zu erkennen, der nun nach Süden schwenkt und sinkend Kurs auf unseren dreizehnten Stock nimmt. Nein, wir müssen uns verhört haben: Ein Lotse sagt durchs Mikrophon dem Kapitän, er möge auf der westlichen Bahn landen, da wir den Vorgang dann vom Tower aus besser betrachten können – in Chinesisch, das unter Landsleuten vornehmlich verwendet wird, Englisch beherrschen die Männer im Tower natürlich auch. Der Jumbo – es ist die kürzere SP-Ausführung, das können wir nun auch mit bloßem Auge erkennen – vollführt gelassen eine 180-Grad Kurve und landet auf der westlichen Bahn.

Die Bahn im Osten ist 3800 Meter lang, 60 Meter breit, die im Westen 3200 Meter lang, 50 Meter breit. Auf beiden können große Flugzeuge landen und starten. Wegen der vorherrschenden Winde wird zu 70 Prozent von Süden gestartet oder gelandet. Peking ist kein schwieriger Flughafen wie etwa Hongkong oder Anchorage. Die Gegend ringsherum ist flach. Die Berge im Norden sind 20 Kilometer entfernt, weit genug für Anflüge bei südlichen Winden. Im Frühjahr und Herbst können Staubstürme zu schaffen machen, zum Teil mit Geschwindigkeiten bis zu 70 Knoten, im Sommer schwere Gewitter, im Winter Nebel, Schnee und Eis. Aber es kommt selten vor, daß ein Flugzeug nach Tientsien oder Schanghai umgeleitet werden muß. „Beijing Feijichang" gehört zur Kategorie Nummer eins für Schlechtwetteranflüge, das heißt RVR also „Runway Visual Range", also ... – na, die Mindestentfernung für den Piloten eben, bei der er im Anflug die Landebahn sehen muß, die RVR also beträgt hier 800 Meter, die Wolkenuntergrenze muß mindestens 60 Meter betragen. In Kategorie zwei sind die Werte 400 und 30 Meter, in Kategorie drei schließlich Zero. Durch neue Geräte wurde die RVR in Peking inzwischen auf 550 Meter verkürzt. Die

Stadt Peking darf innerhalb der dritten Ringstraße, die auch schon die Weichteile der Hauptstadt umgreift, nicht überflogen werden.

Etwa 120 Air-Controller arbeiten in vier Schichten. Durchschnittsalter hier oben bei der „Tower Control" – sie führt Flugzeuge im Umkreis von hundert Kilometern von Peking, außerhalb übernimmt das auch im Gebäude untergebrachte regionale Kontrollzentrum – ist 28 Jahre. Am meisten Verkehr ist morgens zwischen acht und zehn Uhr, dann zwischen zwei und drei und abends zwischen sieben und halb neun – und, saisonal, im September, weil wegen des dann angenehmen nordchinesischen Klimas viele Touristen unterwegs sind. Anfangsgrundgehalt: 72 Yuan, das sind 35 Mark im Monat, hinzu kommt noch einmal etwa genausoviel an Zulagen. Das Leben ist nicht teuer für die Bewohner Chinas, aber reich wird ein Controller nicht. Der Beruf ist im Lande fast unbekannt, da die meisten Chinesen mit Fliegen allenfalls Berufe wie Pilot und Stewardeß verbinden. Den Controllern stehen mindestens zwei Freiflüge innerhalb Chinas im Jahr zu. Sie fliegen dann im Cockpit mit, um die Arbeit dort besser kennenzulernen, vielleicht auch dem einen oder anderen Piloten ihre eigene Arbeit etwas näherzubringen. „Kommen Piloten recht oft zu Ihnen in den Tower hier?" „Recht selten."Junge Leute mit Abitur werden drei Jahre auf der Akademie der chinesischen Staats-Luft-Gesellschaft in Tientsin ausgebildet. Einige Fächer: Navigation, Luftrecht, Radar, Computer, Englisch, danach zwei Monate Praktikum. Nach Abschluß noch ein Jahr Ausbildung auf einem kleineren Flughafen, dann die Lizenz als „Approach Controller". Aufstiegschancen: Tower Controller oder Karriere in der Luftfahrtbehörde oder in der staatlichen Fluggesellschaft.

Natürlich läßt sich überall noch etwas verbessern. 1982 starteten oder landeten in Peking 20815 Flugzeuge, 1986 waren es 45145; es wird eng. Das neue Flughafengebäude ist heute schon wieder viel zu klein mit seinen wenigen Andock-Röhren, durch die die Passagiere in das Gebäude gelangen können. An eine Erweiterung ist gedacht, erst einmal im Westen, vielleicht kann sie bald verwirklicht werden. Auch muß in Zukunft ein Airfield-Radar her, damit die Bewegungen auf der Erde bei schlechtem Wetter sicher geführt werden können. Das höhere Flugaufkommen macht auch eine größere Verkehrsdichte auf einzelnen Strecken wünschenswert. Auf der Strecke Peking–Schanghai etwa gibt es für Zivilflugzeuge nur eine Flughöhe: 10 000 Meter. Bei unterschiedlichen Höhen wären mehr Flugzeuge unterzubringen.

Wir haben den Eindruck, dies ist ein bürokratisches Problem: Verschiedene Behörden, unter anderem zuständig für Zivil- und Militärflüge, müßten gemeinsam Beschlüsse fassen. Auch würde eine höhere Flugfrequenz zu erreichen sein, wenn für das gesamte große Land Radarkontrolle eingeführt werden kann, also sämtliche Flugbewegungen auf Schirmen zu sehen sind. Heute werden auf den meisten Strecken von den Lotsen die Bewegungen der Flugzeuge noch auf Karten mitgekoppelt, der Abstand zwischen zwei Maschinen auf derselben Strecke muß aus Sicherheitsgründen mindestens zehn Minuten betragen. Ausnahmen sind Peking–Kanton und Peking–Schanghai. Moderne Geräte sind schon im Ausland gekauft worden, Anschluß an fortgeschrittene Standards ist in Sicht.

Die Arbeit der Fluglotsen könnte weiter erleichtert werden, gäbe es nicht die internationale Politik. So müssen die Maschinen von Tokio nach Peking einen nach Süden gewandten Halbkreis über die Stadt Schanghai fliegen, wiewohl es doch – auf der Landkarte leicht nachzuvollziehen – viel vernünftiger wäre, von der japanischen Hauptstadt einen Kurs West-Nord-West nach Peking einzugeben. Dazwischen aber liegt Südkorea. Und mit dessen Regierung pflegt Peking noch keine diplomatischen Beziehungen.

VOM GENIESSEN

Für den Tee der Kaiser zum heiligen Berg Wu Yi

Bi Tschun ist ein schöner Name – er bedeutet „Saftig grüner Frühling". Im Frühling werden von kundigen Frauenhänden die saftigen, zarten Blattspitzen derjenigen Pflanze gezupft, der China seinen Ruf als Paradies für den homme de nez, den Nasenmenschen, verdankt. Die Rede ist vom Tee. Und wenn das Paradies der Teetrinker noch einen Gral beherbergen kann, dann gebührt dieser Platz ohne Zweifel dem „Bi Tschun". Normalerweise läuft man am „Bi Tschun"-Teeladen vorbei. Das zehn Schritt breite Gebäude macht nichts her in der Haupteinkaufsstraße der Hauptstadt, in der nun die Auslagen moderner Friseurstudios mit denjenigen neuzeitlicher Mode-, Uhren- und Fotogeschäfte um Kundschaft buhlen. Der Kenner betritt das „Bi Tschun" durch zwei knarrende Flügeltüren, links und rechts stehen hinter Tresen auf Regalen Teekisten. Der kleine Verkaufsraum birst vor Kunden, die sich gedulden müssen, bevor sie ihr in Packpapier eingeschlagenes Häufchen Lebenselixier nach Hause tragen können.

Hier arbeiten 25 Menschen, unter Leitung des Herrn Shi Zheng – Shi ist der Familienname des Managers, sein Vorname bedeutet Retter. Seit kurzem haben Herr Shi und die Belegschaft den Laden als Kollektiv vom Staat für fünf Jahre gemietet, für 233000 Yuan pro Jahr – das sind etwa 100000 Mark. Der Laden muß mindestens soviel Gewinn abwerfen, soll sich das Unternehmen für die Angestellten lohnen. In einem Jahr hat „Bi Tschun" Tee für ungefähr eine Million Mark umgesetzt, der Reingewinn betrug etwa elf Prozent davon. Übrig nach Zahlung an den Staat blieben etwas mehr als 3000 Mark. Nicht gerade viel. Es hat aber für erkleckliche

Prämien für die Mitarbeiter gereicht – mehr als 30 Mark pro Monat, die das jährliche Durchschnittsgehalt von knapp 340 Mark aufbesserten. Denn aus dem Vorjahr war – vor dem Vertrag mit dem Staat – noch einiges Geld im Gemeinschaftstopf. Bei Verlusten müßte jeder der 25 Mitarbeiter für die Zahlung der Miete aufkommen. Aber der 53 Jahre alte Herr Shi – er ist in Pekinger Teegeschäften der einzige mit der Auszeichnung „herausragender Verkäufer" versehene Spezialist – sieht nicht so aus, als ob er das Unternehmen eintrocknen lassen könnte. Doch er kritisiert die unwissenschaftliche Politik des Staates, der nicht etwa die notwendige und kostspielige Renovierung des Ladens in Betracht zieht, bei denen das Geschäft für Monate geschlossen werden müßte, sondern starr einen festen Mietbetrag pro Jahr verlangt. Wie es nach Auslauf des Vertrages weitergehen wird, weiß er noch nicht. Aber im Angesicht der enormen baulichen Veränderungen auch im Zentrum der Hauptstadt ist nicht auszuschließen, daß sein zwei Stockwerke hoher Laden dann mächtigeren Gebäuden weichen muß.

Herr Shi ist im Jahre 1934 auf dem Lande in der Nähe Pekings geboren. Er war der einzige Sohn in der Familie. Um dem Rekrutierungszwang der nationalistischen Armee zu entgehen – der Soldatenberuf war und ist in China nicht angesehen –, begab er sich 1948, ein Jahr vor der Übernahme der Macht im Lande durch die Kommunisten, nach Peking, lernte dort im Osten des alten Kaiserpalastes in einem Teeladen sein Handwerk. Die Pflege der Pflanze selbst hat er nie über längere Zeit betrieben, sich aber bei vielen Reisen in die Provinzen vertraut gemacht mit den Anbaumethoden. Er ist seit 1955 tätig im „Bi Tschun", nun eben in recht verantwortlicher Funktion. Er muß nicht nur den Ruf des „Bi Tschun" wahren – einer von 102 Teeläden in Peking, außerdem werden an mehr als 40 000 Ständen in Kaufhäusern oder sonstwo die feinen Teeblätter verkauft. Während der letzten Jahre der erdrückenden Herrschaft Maos gab es in Peking nur ganze neunzehn Teeläden. Nein, wichtiger ist der Erfolg des Unternehmens, von dem das Wohlergehen der 25 Angestellten abhängt. Im Jahre 1958 ist schon einmal der Bau eines Teehauses gleich neben dem Laden geplant gewesen, Becher und

Kannen waren schon gekauft. Aber die Zeitläufte haben die Einrichtung einer zutiefst traditionellen chinesischen Institution verhindert – zutiefst traditionell wie das Kaffeehaus der Monarchie in Österreich.

Der Laden bietet heute etwa 200 Sorten zum Verkauf an, vor einigen Jahrzehnten war es die doppelte Menge. Warum? Damals hatte die „Zentrale"– Peking also – geordert, befohlen, was aus den Provinzen in die Hauptstadt zu schaffen sei, nicht nur für Tee; die da unten hatten zu parieren, schließlich lebte damals der mit einem Kaiser gleichzusetzende „Vorsitzende" Mao in kaiserlichen Parks. Der Staat besorgte Kauf und Verkauf. Da „Bi Tschun" berühmt war, sollte der Laden auch sämtliche Teesorten im Angebot haben. Das ist heute anders, kaufmännisches Gespür ist wieder gefragt. Herr Shi ist zwar der Behörde für Nahrungsmittel des Stadtteils unterstellt. Aber er entscheidet selbst, was er einkauft. Und er läßt sich nicht mehr auf Teesorten mit ruhmreichem Namen ein, die dann in seinem Laden verrotten. Vom Tee zu knapp vier Mark pro Pfund werden täglich mehr als zwei Kisten verkauft – in einer Kiste sind ungefähr 30 Kilo; in der Preislage von zehn Mark sind es dann noch etwa zehn Pfund am Tag.

Zum chinesischen Neujahrsfest wird in seinem Laden der Tee des Namens „Da Hong Pao" verkauft. „Da Hong Pao" stammt von einem der fünf heiligen Berge Chinas, dem Wu Yi in der südchinesischen Provinz Fujian. Der Name „Da Hong Pao" beschreibt den Umhang, den zu kaiserlichen Zeiten nur Beamte tragen durften, hinunter bis zum Kreisvorsteher. Ebendieser hatte bei der Ernte am Hang des Wu Yi seinen roten Mantel anzulegen, um eigenhändig für den Kaiser die Blätter zu zupfen. Ein Pfund kostet heute im Einkauf etwa 60 Mark, es wird für 80 Mark verkauft. Herr Shi war vor wenigen Tagen gerade am Wu-Yi-Berg, um sich ein Kontingent zu sichern. Das ist nicht einfach, denn die Menge des Tees ist begrenzt, er ist in den Bergen schwer zu pflücken, jeder will wegen des kaiserlichen Namens etwas davon haben. Herr Shi erfuhr von einem Teebauern dort, daß im Juni ein wichtiger Politiker der Insel Taiwan – auf ihr herrschen seit mehr als vier Jahrzehnten die nationalistischen Gegner der Kommunisten auf dem Festland – Tee vom Wu Yi mit dem

Umweg über Amerika gekauft habe. Sein Vorvater, der Generalissimus Tschiang Kai-schek, hatte seinerzeit die Plantagen eigens von Truppen schützen lassen. Dem Tee dort, wie überhaupt jedem grünen Tee, wird nachgesagt, er schütze vor Krebserkrankungen. „Herr Shi, glauben Sie daran?" – „Ja."

Schwarzer Tee – oder „roter Tee", wie er im Chinesischen richtig heißt – wird hier nicht in großen Mengen verkauft. Allein drei Sorten hat das „Bi Tschun" im Angebot. Der Beste stammt aus der südchinesischen Provinz Yunnan, ihm ist ein sanfter Malzgeschmack zu eigen. Doch Herr Shi tut sich schwer. Er müßte mindestens eine Kiste – etwa 60 Pfund – bei einer einzigen Bestellung abnehmen. Die Kiste aber, fürchtet er, würde er in Peking nie los. Also läßt er es. Weniger kann er nicht einkaufen, weil nur Kisten, eben nicht Säcke oder Tüten, auf den langen Transportwegen garantieren, daß der Tee nicht durch Feuchtigkeit verdirbt. Herr Shi hofft, daß eine Vertretung der Provinz Yunnan in der Hauptstadt Peking bald für Abhilfe sorgen wird. Wir glauben, Herr Shis Hoffnung ist grundlos: Wer einmal dem grünen Tee an die Tasse geraten ist, der braucht den roten allenfalls noch als Spülmittel für ein Frühstück mit Brötchen.

Nein, Nachwuchssorgen hat das „Bi Tschun" nicht. Zwei bis sechs Monate sind gedacht als Lehrzeit, dann können die jungen Leute hier Teesorten auseinanderhalten, die Blätter mit der guten alten Waage abwiegen, bedienen, Päckchen bündeln. Den Verkäufern winkt die Möglichkeit, hin und wieder in die Anbaugebiete im Süden zu fahren. Sie haben Kontakt mit einer illustren Stammkundschaft – Politiker, Schauspieler, Sänger, die alle selbst hier einkaufen, nicht durch ihre Chauffeure einkaufen lassen. Auch bringen Ausländer, besonders Japaner, wertvolle Devisen – im Durchschnitt zweihuner Mark pro Tag. Und sie arbeiten in einer Atmosphäre des Duftes. Sie müssen nicht „Chou Dou-fu" verkaufen – stinkenden Sojabohnenquark, eine an allen Ecken Nordchinas angebotene gastronomische Eigenart zweifelhaften kulinarischen Ruhms.

Frische Luft in „Honigbiene Nummer drei"

Wer ließe nicht gern beim Fliegen die Arme aus dem Flugzeug hängen, um den Fahrtwind zu spüren, sich hinauszubeugen, mit dem Finger auf Häuschen zu zeigen – anstatt die Nase an einem Plexiglas-Bullauge plattzudrücken. Ja wer? Wer sich mit 42 Pferdestärken begnügt, die den – leichten und billigen – hölzernen Propeller antreiben; wem eine Startbahn von nur 52 Metern zur Verfügung steht; wem 95 Kilometer in der Stunde als Höchstgeschwindigkeit reichen; wer nicht schneller als 220 Zentimeter pro Sekunde steigen und wer nicht weiter als 215 Kilometer mit einer Tankfüllung reisen will: der sollte in die „Honigbiene Nummer drei" steigen und durch die Lüfte fliegen. Das sechs Meter lange Doppeldecker-Flugzeug sieht so zerbrechlich aus wie ein Rennruderboot. Zwei Pedale für die Füße, ein Steuerknüppel, Kompaß, Geschwindigkeitsanzeiger, Höhenmesser sorgen für das rechte Cockpitgefühl, der Copilot auf dem Sozius sorgt für Gesellschaft. Dreitausend Meter hoch können sie gemeinsam fliegen, der Pilot allein sogar vier Kilometer hoch – aber da ist es bitter kalt.

Nein ‚leider sind wir mit der „Biene" nicht geflogen, wir haben sie nur bewundern können in einer Ausstellungshalle der Akademie für Luft- und Raumfahrt im Nordwesten Pekings, in der 4000 Lehrer und Angestellte für 6000 Studenten zuständig sind – ein traumhaftes Verhältnis, doch auf dem ein Quadratkilometer großen Institutsgelände gibt es nur einen einzigen praktizierenden Piloten. Die „Biene" ist da zu sehen zwischen allen möglichen anderen Fluggeräten und Raketen. Sie hängt von der Decke herab und verstaubt. Die „Biene", deren Tragflächen mit einer Spannweite von zehn Metern oben über Aluminiumrahmen mit synthetischen und Leinenstoffen bespannt sind, wurde hier in der Akademie von sechs Ingenieuren innerhalb eines halben Jahres entworfen, wird hier gebaut. Jedes Jahr könnten einhundert „Bienen" hergestellt werden, doch die Nachfrage ist nicht so groß. Bislang sind erst 50 Exemplare produziert und fünf davon ins Ausland verkauft worden: drei nach Amerika, je eine nach Neuseeland und Kanada.

In China wird sie als Trainingsflugzeug eingesetzt, besonders aber zur Aussaat von Gras – etwa in der Inneren Mongolei, zur Überwachung großer Forstgebiete, zur Schädlingsbekämpfung. Aus einem Behälter auf dem „Sozius" werden die Mittel über Schläuche auf Düsen in der Rückseite der Tragflächen geleitet, dort versprüht. Ein oder zwei Privatpersonen haben sich auch schon die „Biene" zugelegt; was sie mit dem Gerät tun, weiß man nicht, vielleicht werfen sie über Kreisstädten Reklamezettel für ihre Dienstleistungen ab. Bisher sind im Institut 20 Piloten ausgebildet worden: ein wenig Theorie, fünfzehn Stunden – und sie können fliegen, oder besser: sie fliegen. Größere Unfälle gab es noch nicht, einer hat sich einmal bei einer ruppigen Landung die Stirn am Windabweiser aus Plexiglas blutig gestoßen.

Das farbenfrohe Fluggerät – rot-weiß-blau-grün – landet auf drei Rädern, über das Bugrad wird gebremst, 70 Meter reichen für die Landung. Der Pilot trägt einen Sturzhelm, gern auch eine Sonnenbrille, aber keinen Fallschirm. Selbst ohne Motor sinkt die „Biene" pro sechs Meter über Grund nur einen Meter in die Tiefe: kein Traumverhältnis für ein deutsches Hochleistungssegelflugzeug, aber immer noch gut genug, um den nächsten besseren Acker in der nordchinesischen Ebene zu erreichen. Den Motor, fällt er einmal aus, im Flug wieder zu starten, wäre schwer: der Propeller muß nämlich von Hand angeworfen werden. Er stammt aus den Vereinigten Staaten, der Motor „Rotex 447" aus Österreich. China könnte den Motor selber bauen, aber die Nachfrage ist nicht groß genug, um deswegen eine eigene Fabrik zu errichten.

Was das Ding kostet? Für 5000 amerikanische Dollar kann man es, in zwei Überseekisten verpackt, mit nach Hause nehmen. Es wiegt 150 Kilogramm, kann 180 Kilogramm zuladen. Niemand allerdings sollte sich von dem Hochglanzprospekt der südchinesischen Firma in Kanton, die das Gerät ins Ausland verkaufen möchte, abschrecken lassen. Auf einem Bild sind zwei Flieger in der „Honigbiene drei" zu sehen: Der Pilot fliegt heldenhaft voraus; der Copilot hinter ihm aber scheint der Sache nicht zu trauen, er hat seine

Unterarme beschwörend außen an die fünfzig Zentimeter hohe Cabrio-Kabine der „Biene" geklemmt. Verzeihen wir ihm sein Mißtrauen an frischer Luft; wahrscheinlich hat er sich noch nie in zehntausend Metern Höhe seine Nase an Plastik-Bullaugen platt gedrückt.

Mit der „Roten Fahne" durch Peking

Einmal einen „Hong Qi" steuern zu dürfen ist der Traum vieler Chinesen – und eines manchen Ausländers. Die Chancen stehen aber schlecht: Nur etwas mehr als tausend dieser Limousinen namens „Rote Fahne" wurden bislang hergestellt – und sie werden nicht exportiert. In China selbst ist das Auto – es wird nicht verkauft, sondern vom Staat zugeteilt – höchsten Politikern und ausländischen Staatsgästen vorbehalten. Es dient ihnen vornehmlich als Transportmittel zwischen dem Flughafen und den Zentren der Macht in der Hauptstadt. In den vergangenen Jahren hat es Konkurrenz von Mercedes-Benz bekommen.

Wem die Limousine erst einmal zu fahren erlaubt wurde, dem genügt der gewöhnliche Führerschein als Eintrittskarte in die exklusive Gemeinde der Fahrer einer „Roten Fahne". Beim Einsteigen in das mehr als fünf Meter lange Auto überkommt einen schon Wehmut: Dieses Automobil riecht nach rechtschaffener Handarbeit. Hier beherrscht der Mensch die Technik, nicht umgekehrt. Die Türen schließen mit sattem Klang. Die wenigen Schalter auf dem aus Holz gearbeiteten Armaturenbrett sind nicht fingergerecht angebracht – ihre Bedienung verlangt Griffsicherheit wie auf einem hochseetauglichen Kutter. Die Nadel des horizontal angelegten Tachometers, der bis zur Zahl 200 reicht, vibriert augenfällig, aber der Fahrer vertraut eher seinen Augenwinkeln bei der Bestimmung der Geschwindigkeit. An Geräuschen des mehr als 200 PS leistenden Achtzylindermotors mit 5,7 Litern Hubraum kann er sich nicht orientieren: es gibt kaum welche. Auch der Ruck beim Schalten vom ersten in den zweiten Gang des nur mit zwei Vorwärtsgängen ausgestatteten automatischen Getriebes ist kaum spürbar. Die Fahrerbank, die zweieinhalb Sitze für die Honoratioren und die beiden ausklappbaren Hocker für Übersetzer und Subalterne sind mit Stoffbezügen versehen, die wie die Gardinchen an den Fenstern rasch gewaschen werden können.

Das Auto schluckt wegen der enormen Achsabstände und der großen Räder die selbst auf den Hauptverkehrsadern Pekings reichlich vorhandenen Bodenverwerfungen. Es muß vor scharfen Kurven wegen seines Leergewichts von mehr als 2,5 Tonnen sanft abgebremst werden – die Bremsen, natürlich nicht mit „ABS" ausgestattet, verzögern zuverlässig. Sicherheitsgurte haben sich bisher weder bei normalen chinesischen Automobilen noch beim „Hong Qi" durchgesetzt. Das Lenkrad erinnert an den alten Mercedes 170, die Lenkung selbst ist trotz des hohen Gewichts und der fehlenden Servo-Unterstützung passabel: nicht gerade präzise, dennoch berechenbar. Das Auto verbraucht für hundert Kilometer etwa 23 Liter Normal-Benzin. Klimaanlage und Radio-Cassetten-Gerät lassen zu wünschen übrig. Das Reserverad und Werkzeuge befinden sich im Kofferraum. Kühlschrank oder Fernseher sind im Repertoire nicht vorgesehen, könnten aber beschafft und eingebaut werden. Die „Rote Fahne" gibt es auch in den Ausführungen als Krankenwagen, Polizeifahrzeug oder Feuerwehrauto und als Cabriolet, damit herausragende Politiker stehend Paraden abnehmen können. Die „Rote Fahne", mit einer per Knopfdruck versenkbaren Scheibe zwischen Chauffeur- und Gastraum versehen, wird ausschließlich von chinesischen Spezialisten mit rein chinesischen Teilen hergestellt. Hier liegt ein Dilemma: Im Jahre 1960, als die Produktion begann, wollten sich chinesische Autozauberer nur auf die eigenen Kräfte verlassen, darin unterstützt von Politikern und ihren Parolen. Heute aber, da wirtschaftlich weltumfassend gehandelt wird, ist es schlecht bestellt um die Zunft der 1800 chinesischen „Hong Qi"-Bauer und Restaurateure. Warum können sie nicht einen Teil der im Ausland besser, vielleicht sogar billiger hergestellten Einzelteile einkaufen, um die „Rote Fahne" weiterhin als zuverlässiges Luxusauto anzubieten? Denn ein ausgezeichnetes Automobil, wie lächerlich dies auch manchem Befürworter kommunaler

Verkehrsbetriebe vorkommen mag, ist Aushängeschild für die industrielle Leistungsfähigkeit einer Gesellschaft. Deshalb verhandeln die Chinesen schon seit längerem mit westlichen Autoherstellern: Sie sollen helfen, einen moderneren, vor allem sparsameren Nachfolger für die Staatskarosse zu finden.

Die „Rote Fahne" hat Verbesserungen nötig. Das Auto ist aber so mit chinesischer Nostalgie vollgeladen, daß es nicht einfach von den Straßen Chinas verschwinden darf. Doch dieses Schicksal droht ihm, da die Nachfrage der Mächtigen nach dem Symbol sozialistischer chinesischer Bewegungsherrlichkeit zu wünschen übrigläßt. Sie kaufen trotz der Anstrengungen, mit Devisen sparsam umzugehen, lieber das Beste aus dem Ausland.

Der Preis einer „Roten Fahne" wird nicht genannt. Aber reiche chinesische Sammler würden sicherlich einhunderttausend Mark für eine gepflegte Hong-Qi-Limousine ausgeben. Auf Auktionen im Ausland wäre ein Vielfaches zu erzielen.

Selbstkritik

Über manche Skulpturen läßt sich streiten, über moderne chinesische kaum: Sie sind fast ohne Ausnahme häßlich. Nein, hier ist nicht die Rede von den Standbildern, die dem einst großen Steuermann Mao hingestellt wurden und heute in ihrer Beton-Eleganz noch Eingänge zu Instituten, Universitäten, Bahnhöfen zieren möchten. Gemeint sind die in Granit gehauenen einfachen Heroen, die mit strengem, klaren Blick und angespannten Muskeln optimistisch-tatkräftig in die Zukunft eilen, jene ideologischen Muntermacher; oder auch bildhauerische Friedens-Tauben, die unter etlichen Verrenkungen etliche Brunnen umkreisen. China besitzt unzählbare, herrliche steinerne Kunstdenkmäler aus der Zeit der Kaiser – unter ihnen ragen die Figuren am Eingang zu den Minggräbern nördlich von Peking und auf der Grabanlage des Konfuzius in Qu-fu besonders hervor. Doch was danach an Monumenten geschaffen wurde und sich überall im Land angesammelt hat, reicht in seiner gestalterischen Qualität allenfalls an deutsche Gartenzwerge heran. Der neuen Publikation „Schöne Künste in China" liegt eine Verbesserung der ästhetischen Qualität von Denkmälern am Herzen. Sie nennt Gründe für den bisher bedauernswürdigen Zustand: Viele chinesische Bildhauer hatten in den zwanziger und dreißiger Jahre in Frankreich studiert und dort ihre Vorbilder gefunden, nach 1949 dann aber in Moskau. Dort lernten sie die Kunst als simples politisches Werkzeug zu schätzen. Lange, allzu lange galten realistische Techniken als einzige Grundlage für eine „revolutionäre" Kunst. Außerdem seien die Bildhauer-Vereinigungen nur noch Clubs für Künstler, die lebenslang angestellt seien und keine artistischen Ideen mehr hätten. Die chinesische Publikation befürchtet, viele gerade in Arbeit befindliche schlechte Skulpturen könnten, wenn einmal aufgestellt, das kulturelle Image des Landes, die Schönheit der Umwelt und den „öffentlichen Stolz" der Chinesen beeinträchtigen. Zu diesem Stolz läßt sich schwer etwas sagen; aber sicher ist: der Umwelt in China bekäme es gut, wenn auch an einigen jener Denkmäler, die schon Patina angesetzt haben, gesägt werden würde.

Herr Meng und seine Enten

Nein, Peking-Ente ißt er nun nicht mehr gerne, der Herr Meng. Das ist auch nicht verwunderlich, ist diese feine Speise doch nicht für jeden Tag gedacht – wie die Kartoffel, der Reis, der Chinakohl, sondern für besondere Anlässe. Und Herr Meng hat jeden Tag zu tun mit dem goldbraunen Vieh: Im „Li-Kang-Kao-ya-dian" dem „Entenrestaurant zur Förderung der Gesundheit", ist er der Geschäftsführer und ißt nun mit Vorliebe Gemüse – „auch deswegen": er weist auf seinen nicht unansehlichen Bauch.

Vor den achtzig bis hundert Enten, die Tag für Tag in dem Restaurant zubereitet werden, braucht sich allerdings Herr Meng nun wirklich nicht zu verstecken, sie gehören zu dem Feinsten, was in Peking zu haben ist. Erstaunlicher fast noch als der Genuß der knusprigen Haut, die man zusammen mit Lauch und einer süßlichen Tunke in kleine Mehlfladen wickelt und in den Mund stopft, ist die Bedienung: Sie ist aufmerksam und freundlich. Und das ist in den meisten Restaurants in China immer noch unerhört. Um nun aber gar nicht erst den Eindruck aufkommen zu lassen, daß das Restaurant andere Etablissements noch nicht weit genug hinter sich gelassen habe, bietet das „Li Kang" die Ente auch frei Haus. Wer morgens die Nummer 593745 wählt, dem wird nachmittags die Speise in die Wohnung gebracht, früher mit dem Fahrrad, seit einiger Zeit besitzt das Restaurant einen Kleinbus. Dieser Service ist kostenlos. Und da das Restaurant ein hervorragendes Essen bietet, seine Kunden wie zahlende Gourmets behandelt, kann es sich auch leisten, im Preis großzügig zu sein: die Ente kostet hier – nach Gewicht – zwischen dreizehn und fünfzehn Mark, das ist drei Mark billiger als bei den meisten Konkurrenten. Für die Mehlfladen werden siebzig Pfennig pro Pfund berechnet.

Wen wollte es wundern, daß die zehn Tische mit jeweils zehn Stühlen hier die ganze Woche über von halb elf bis halb eins und von halb fünf bis in den Abend – die letzte Bestellung wird um 19.30 Uhr entgegengenommen – besetzt sind, von 250 bis 300 Gästen pro Tag? Ja, sagt Herr Meng, es wird angebaut, in einem Nebengebäude sollen bald noch einmal so viele Entenesser Platz finden. (Wem der Sinn nicht nach Entenfleisch, Entenherzen und Entenfüßen steht, der kann sich an Seegurke, Krabben, Pilzen, Schwein laben.) Und wen wollte es wundern, daß Herr Meng mit natürlichem Stolz Briefe zeigt. In einem schreibt ein Herr, in den üblichen Peking-Enten-Restaurants sei das Essen kein Genuß, sondern ein Leiden: Man müsse ein bis zwei Stunden warten, die Kellner schauten einen mißmutig an, wie einen Bettler. Der Mann stellt fest, er gehöre zu den einfachen Leuten, er sei kein Regierungsbeamter, habe keine „große Nase", besitze auch kein ausländisches Geld. Hier aber, im „Li Kang", werde er behandelt wie ein Gast.

Für dessen Wohl sorgen 38 Leute, darunter drei Meisterköche, zwei Spezialisten für kalte Vorspeisen, vier Mann, die Gemüse und Fleisch in Streifen schneiden, ein Einkäufer, ein

Fahrer, sieben Serviererinnen und Serviere, vier Geschirrspüler – die Teller werden in kochendem Wasser gesäubert, fünf Männer, die sich dem Braten der Enten widmen. Sie stehen vor zwei Ofenkammern, in denen jeweils zwölf Enten in der Kohleglut vor sich hinreifen. Die Tiere werden von einer Entenfarm, eine halbe Autostunde entfernt, geliefert, sie sind geschlachtet, gerupft, noch nicht ausgenommen. Das wird hier besorgt; danach werden die Enten mit Luft vollgeblasen, getrocknet, gebraten. – „Kohle, Herr Meng?" Ja, ja andere benutzen sogar Strom oder Gas, das riecht dann aber seltsam. Bald wird es hier eine dritte Ofenkammer geben, in der dem kostbaren Tier mit Holz von Obstbäumen eingeheizt wird. Das Fleisch wird dann, darüber sind wir uns beide einig, noch köstlicher schmecken.

Wieviel die Angestellten hier verdienen? Der Grundlohn für einen Anfänger beträgt 50 Yuan, alle erhalten außerdem Prämien, die sich nach dem Gewinn des Restaurants richten, 80 Yuan sind üblich. Derartige Beträge erscheinen nicht groß, für China aber sind sie besserer Durchschnitt. Das Restaurant gehört zu der Dienstleistungsstelle des Unternehmens für Wohnungsbau der Stadt Peking, es ist weder eine staatliche noch eine private Unternehmung, sondern ein Kollektiv. Die meisten Angestellten hier sind Kinder von Eltern, die bei dem Unternehmen für Wohnungsbau arbeiten, die nach Abschluß der oberen Mittelschule einen Studienplatz oder einen vom Staat gestellten Arbeitsplatz nicht finden konnten. Die „Einheit" für Wohnungsbau unterhält auch noch ein Warenhaus und eine Tischlerei, in der arbeitssuchende Jugendliche aus der „Einheit" Arbeit finden können.

Herr Meng ist geboren 1935 in der Peking umschließenden Provinz Hopei, in Lanfang, berühmt für köstliche Brathühner. Meng ist Architekt. Er gehört auch zu der erwähnten „Einheit". Eines Tages fragte man ihn, ob er nicht das Management des Restaurants übernehmen wolle. Er ist nach eigenem Urteil Freizeitkoch, er sagte zu. Die Wege der Berufsfindung können auch in der Volksrepublik China verschlungen sein. Er leitet jetzt das einzige Restaurant in der Hauptstadt, das seinen Kunden das Essen ins Haus bringt, heute zwanzig Enten am Tag. Vor Ausrufung der Volksrepublik 1949, ja sogar noch vor der unsäglichen „Kulturrevolution" war sich keiner zu schade für einen solchen Dienst. Doch die Rotgardisten witterten darin verruchte Rückständigkeit, Servilität.

Gibt es Probleme mit den Angestellten? Kaum. Zwei Kellner mußten seit Eröffnung des Restaurants gehen, sie hatten Gäste, die noch kauten, zum Zahlen gedrängt. Solches dürfen sich Kellner Landsleuten gegenüber überall in China leisten – nicht jedoch im „Li Kang". Denn das „Li Kang" – der Name ist unglücklich gewählt, „Förderung der Gesundheit" erinnert an Apotheken oder Kurorte – ist ein Luxusrestaurant, nicht von außen, nicht von innen, aber auf dem Teller. Es liegt südlich vom Arbeiterstadion.

Gebäude der hundert Waren

Was soll man sagen? Es ist nicht Woolworth, es ist nicht Harrods. Es ist halt das „Bai-Huo Da-Lou" auf der Straße der königlichen Residenzen, mitten in Peking: das „Gebäude der hundert Waren". Hundert Waren: Hohe Zahlen – und hundert ist viel – gemahnen in China immer noch an die Zeiten der Kargheit, an das Unermeßliche, als allein einige Zehntausende wohlhabend waren. Heute führt das Kaufhaus 36000 verschiedene Artikel, vom Bonbon über die Teetasse, den Pelzmantel zum Farbfernseher. Das über 30 Jahre alte Kaufhaus ist eigentlich das größte in China, wäre da nicht noch das „Kaufhaus Nummer eins" in Schanghai, es macht mehr Umsatz. Aber das Pekinger Kaufhaus, so sagt sein Direktor Li Heng-mao, hat doch den größten Einfluß auf das Land, nicht wahr?

Wie läßt sich Einfluß messen in einem Land ohne ausgebildete Gesellschafts-Seismographen? Durch schiere Zahlen: Täglich kommen 130000 Kunden, an Festtagen sogar 200000 hierher in die vier Stockwerke, drängen sich auf 17000 Quadratmeter Verkaufsfläche, werden von 3600 Angestellten mehr oder weniger betreut, die im Jahr im Schnitt 700 Mark verdienen. Die Kunden gucken, staunen, was es so alles gibt – über die Hälfte stammt von außerhalb. Ihnen sitzt der Pfennig nicht locker: Heute werden täglich für etwa eine Million Yuan – knapp 500 000 Mark – Waren umgesetzt, knapp vier Mark pro Besucher. Es ist für Peking nicht wenig, wo der Durchschnittslohn im Monat bei fünfzig bis achtzig Mark liegt.

Doch das „Bai-Huo Da-Lou" ist gar nicht allein als Umschlagplatz für Güter, als Einkaufsquelle, als Gewinnmaschine für den Staat gedacht. Vielmehr ist es ja ein Tempel zur Andacht chinesischer Bauern vor der Leistungsfähigkeit kleiner oder mittlerer chinesischer Betriebe. Der Eintritt in die Halle des Erdgeschosses allein nimmt jedem unvorbereiteten Landmann den Atem: Zehn Meter hoch mag sie sein, links und rechts und in der Mitte werden überall die wichtigsten Dinge des Lebens angeboten: Töpfe, Gläser, Thermosflaschen, Werkzeuge, Süßigkeiten; die begehrtesten Zigaretten- und Schnapsmarken sind zur Zeit allerdings knapp hier, große Hotels haben sich damit eingedeckt. Auf beiden Seiten locken Treppen die Unersättlichen in die oberen Stockwerke – lange steile Treppen, auf denen allein die Nachschiebenden Schutz vor dem Absturz bieten.

Die oberen Geschosse sind niedriger. Sie beherbergen aber die köstlichsten Höhlen neuer Begehrlichkeit: Um die langen Tresen, hinter denen moderne Stoffe angeboten werden, winden sich Schlangen von nervösen Käuferinnen – Männer, die ja inzwischen auch gerne gute Stoffe tragen, schicken ihre Frauen vor. Jeder möchte individuell gekleidet sein, die Gleichmacherei der Mao-Jahre durch eigene Schnittmuster, Streifen an der Trainingshose, höhere Absätze am Schuhwerk wegwischen, den maoistischen Zwang zur Uniform vergessen. Die Zeit rein chemischer Stoffe – so Herr Li – ist vorbei, die Nachfrage nach Baumwoll- und Seidenprodukten wieder größer geworden.

Das erste Kaufhaus ist allein schon wegen seiner Lage in der besten Einkaufsgegend herausgehoben: Ein großer Platz ist ihm vorgelagert. Auf ihm ruhen die mühseligen Reisenden Chinas aus, die einmal im Leben das Bai-Huo Da-Lou betreten wollten. Sie lagern auf ihren Bündeln, ziehen tief aus ihren Lungen staubige Luft herauf, gehen mit angehaltenem Atem zum nächsten Papierkorb, spucken hinein – chinesisches Nationalgeräusch. Elektrobusse surren vorbei, auch Fahrräder, Polizeimotorräder und Autos, die mit Sondergenehmigung diese von Bäumen gesäumte Einkaufsstraße befahren dürfen. Auf den abgegitterten Trottoirs drängen sich die Massen. Es wäre schön, würde diese Einkaufsmeile Pekings zu einer Fußgängerzone umgestaltet. Aber dazu wäre Planung der Stadt notwendig – doch Stadtplanung ist in Peking noch nicht en vogue.

„Sollten nicht besser Fahrstühle eingebaut werden, Herr Li?" Ja, darüber habe er sich auch schon den Kopf zerbrochen. Sie im Inneren des Gebäudes unterzubringen, wäre zu kostspielig, alles müßte aufgerissen werden. Auch an der Außenseite sei es schwierig. Es fehlt wohl am Geld. „Könnten Sie nicht das Kaufhaus durch einen Anbau erweitern, etwa auf dem Platz vor den Eingangstüren?" – „Wo sollten dann die Menschen bleiben?" Der 49 Jahre alte Herr Li – er besitzt ein Diplom der Volksuniversität in den Fächern Handel und Wirtschaft und hat nach dem Abschluß als Abteilungsleiter und Sekretär in seinem Kaufhaus gearbeitet – plant moderne Zweigstellen des Bai-Huo Da-Lou in anderen Stadtteilen. Das Management – es ist dem Handelsamt Nummer eins der Stadt Peking unterstellt – entscheidet selbst, wo es kauft, wie es verkauft. Nur bei teureren Artikeln ist es an vom Staat festgelegte Preise gebunden. „Wird viel gestohlen?" Nein, sagt Herr Li, ganz wenig. Das liege einmal an der sozialistischen Erziehung – da können wir ihm wegen der vielen kleinen Meldungen in chinesischen Zeitungen über Diebstähle nicht so ganz folgen; zweitens, so Li, seien ja die Waren, im Gegensatz etwa zu deutschen Supermärkten, vom potentiellen Dieb getrennt – da kann man ihm besser folgen, denn ein Dieb brauchte schon mindestens zwei Meter lange Arme, um über die hölzernen Barrieren hinweg, die von mundfaulen, flinkäugigen Angestellten bewacht werden, in die Regale zu langen. Einige Hausdetektive sind dennoch unterwegs, sicherheitshalber.

Die Angestellten erhalten bei Einkäufen in ihrem Kaufhaus keinen Rabatt, dürfen während der Arbeitszeit – acht Stunden täglich, sechs Tage in der Woche mit wechselnden freien Tagen – in ihren Hallen auch nicht einkaufen. Das klingt hart und preußisch. Aber es sollte doch mit dem Teufel zugehen, wenn die in Jahrtausenden von Händlern zusammengesponnene chinesische Seele, die allenfalls im Levantinischen noch Vorbilder haben könnte, nicht auch unter den Dienern des Peking-Kaufhauses gegenwärtig wäre. Um den Gewinn zu vergrößern – zuletzt betrug er acht Prozent vom Umsatz, dreizehn Prozent des Gewinnes werden an den Staat abgeführt –, bietet das Kaufhaus jeden Abend von acht bis zehn seine Dienste in der Tanzhalle an. Für zehn Yuan Eintritt, knapp fünf Mark – das ist sehr viel Geld in Peking – darf hier getanzt werden nach chinesischer Volksmusik, nach Disco-Klängen. Wäre der Eintritt billiger, kämen zu viele. Biergenuß wird erlaubt, Hochprozentiges und Ausländer sind nicht zugelassen. Warum kein Schnaps? Die Antwort liegt nahe. Warum aber keine Langnasen? Wir wollen da gar nicht nachbohren. Immerhin, etwa einhundert jugendliche Tanzwillige pro Abend, macht tausend Yuan, tummeln sich hier, finden vielleicht einen chinesischen Partner, fühlen sich danach dem Bai-Huo Da-Lou nostalgisch verbunden. Kaufen vielleicht sogar später dort ihre erste Waschmaschine.

Das Werk himmlischer Torleute

Auch im Fußball ist China noch ein Entwicklungsland. Das soll sich allerdings schnell ändern – glaubt man dem Fernsehprogramm. Alle 52 Spiele der Weltmeisterschaft in Mexiko wurden im ganzen Reich der Mitte übertragen – Fernsehen wird hier ja immer noch auch als belehrendes, nicht nur unterhaltendes Medium verstanden – nicht ungewöhnlich für eine staatliche Anstalt. China hatte sogar morgens um zwei Uhr Ortszeit die Eröffnungszeremonie direkt übertragen, auch das erste Spiel. Nach dem Schlußpfiff kurz vor fünf Uhr allerdings merkte man den verantwortlichen Redakteuren im Studio von China TV an, daß jeder Spaß seine Grenzen haben muß: Das zu Programmende normalerweise liebevoll eingeblendete Bild mit dem „Zai Jian", dem „Auf Wiedersehen", war eine knappe halbe Sekunde zu sehen, dann flirrte das Bild, der Ton rauschte – Zeit, zu Bett oder zur Arbeit zu gehen. Und in der einsetzenden Morgenröte erloschen die wenigen bläulichen Fernsehlichter in der Hauptstadt – hauptsächlich in den Wohnungen der Ausländer, vornehmlich bei Italienern und Bulgaren. Denn welcher Chinese kann sich den Luxus leisten, nachts dem Fußball zu frönen, welcher Chinese interessiert sich überhaupt für diesen Sport?

Viele. Das Fernsehen bringt täglich eine Direktübertragung aus Mexiko, morgens um sieben Uhr, und es bringt eine oder zwei Aufzeichnungen, am Nachmittag und am späten Abend. China hat eigene Korrespondenten nach Mexiko entsandt, über die asiatisch-pazifische Rundfunk- und Fernsehgemeinschaft die Übertragungsrechte gekauft – die Volksrepublik zahlt einhunderttausend Dollar für die 52 Spiele. Chinesische Techniker sitzen in der britischen Kronkolonie Hongkong, um von dort für eine fehlerlose Übertragung zu sorgen. Die in Peking empfangenen Bilder, die Geräuschkulisse sind ohne Makel. Die Spiele werden in Peking leidenschaftslos von zwanzig kundigen Sportredakteuren kommentiert, die sich mit den Regeln der Fußballkunst auskennen, auch mit der Unwissenheit ihrer Landsleute über dieses adelnde Spiel, das aus Proletariern manches Mal Finanzkönige macht. Hierin liegt der Reiz des Fußballs für China – selbst arme Länder können weltweit bekannte Spieler hervorbringen. Der Name Maradona – wir wissen nicht, ob er arm geboren wurde – ist nun auch vielen Chinesen geläufig. Seine Spielkunst wird bewundert, auch seine Leidensfähigkeit nach einem Foul – er wälzt sich auf dem Rasen, er steht heldenhaft auf, humpelt von dannen; daß es sich dabei um südländische Schauspielerei handeln könnte, käme einem Chinesen nie in den Sinn, denn: sportliche Helden der Chinesen kennen keinen Schmerz; und wenn sie vor den Kameras die Zähne zusammenbeißen, dann ist ihnen ein Unrecht geschehen.

Den Chinesen sind auch Entscheidungen der Schieds- und Linienrichter in Mexiko ehernes Gesetz. Diese Männer – wiewohl schwarz, also hinterhältig gekleidet – sind Vertreter einer höheren Gerechtigkeit, sie haben das Wohl der internationalen fußballerischen Fairneß im Auge zu haben. Auch ist mit ihnen nicht zu rechnen, wenn es um Abseits-Stellungen oder um ein gestrecktes Bein geht: Derartige Feinheiten europäischer Fußballkunst sind fast allen Chinesen weiterhin fremd. Die Chinesen kennen sich aus bei Hochsprung, Volley-, Basketball, beim Tischtennis, im Bodenturnen. Deshalb müssen heute die Fernseh-Kommentatoren Aufklärungsarbeit leisten, ihre Zuschauer auf die Bedeutung einer Gelben Karte hinweisen, auf die Finesse eines indirekten Freistoßes.

Zweihundert Millionen Zuschauer sitzen nach Schätzungen des chinesischen Fernsehens abends vor den Apparaten, um Fußball zu sehen, tagsüber die Hälfte – solche Angaben sind hier in China, wo Zahlen eher Symbole oder Hoffnungsträger sind, nicht recht ernst zu nehmen. Dennoch sind die Städte jetzt im milden Fußballfieber. Die Bauern – achtzig Prozent leben auf den Dörfern –, die fernsehen können, würden wohl gerne mithalten, wenn ihnen die Saat, die Ernte nicht wichtiger wäre.

Fußball ist in China eine junge Sportart – eine „westliche" eben. Von ihr will man hier lernen: Raumdeckung ist natürlich viel ökonomischer als die in China weiterhin praktizierte heldenhafte Jagerei nach dem Ball: Zwanzig Spieler, mit Ausnahme der Torleute, balgen sich um die lederne Kugel. Der in Mexiko dank der Höhenluft enorm weite Abschlag wird hier in China noch als Werk der himmlischen Torleute mit ihren großen Händen, großen Füßen, großen Nasen bewundert. Doch die Chinesen, die sich seit Ausrufung der Volksrepublik vor knapp vier Jahrzehnten etwas zugute halten möchten auf ihre Jugend, müssen endlich ihre jungen Leute auf internationale Wettbewerbe vorbereiten. Das eine oder andere Talent mag ihnen dabei an das Ausland verlorengehen – um dann dort doch für das Entwicklungsland zu werben und junge chinesische Fußballspieler anzuspornen.

Einmal im Leben nach Peking

Der erste Eindruck trügt: Beim Gang durch die Einkaufsstra-
ßen und die Geschäfte in großen Städten möchte man glauben, alle Chinesen hätten immer Urlaub. Der Grund hierfür
ist einfach. Es gibt viele Menschen in China – über eine Milliarde – und die beliebteste Freizeitbeschäftigung der 200 Millionen Städter ist der Einkaufsbummel, wobei es weniger um
das Kaufen geht als um das Flanieren in der Menge. In Wirklichkeit jedoch sind in China die Freizeit und der Urlaub
knapp bemessen. Der normale Stadtbewohner träumt noch
nicht einmal von einer 40-Stunden-Woche oder gar von vier
Wochen Jahresurlaub. In großen Unternehmen wird sechs
Tage in der Woche acht Stunden lang – zuzüglich Mit-
tagspause – gearbeitet. Der freie Tag liegt nicht unbedingt auf
dem Sonntag, er ist vielmehr nach „Einheit" verschieden –
einfach aus technischen Gründen, denn sonst würden die sowieso geringen Freizeitangebote von den riesigen Menschen-
mengen überhaupt nicht mehr genutzt werden können.
Beamte arbeiten von Montag morgen um acht bis Samstag
gegen Mittag. Hinzu kommen die leidigen „Sitzungen", oft
nach Feierabend, bei denen über sozialistische Moral, Ge-
setzgebung, Produktion, Modernisierung doziert und diskutiert wird. Wie häufig sie sind, richtet sich nach der von Vorgesetzten erkannten Dringlichkeit einer Belehrung der Massen in der „richtigen Einstellung". Die Zahl solcher Sitzungen
muß nicht unbedingt abnehmen, wenn von „ganz oben"
etwas mehr „Laissez faire"-Politik verkündet wird. Manchem
Beamten „ganz unten" mag das eher Anlaß sein, für alle
Fälle besonderen Eifer bei der „Erziehung" zu zeigen.

Wie in vielen anderen Ländern, leben die Städter auch in
China ein etwas besseres Leben – im Gegensatz zur Bevölkerung auf dem Lande. Die Bauern im Norden können wenigstens in den kalten Wintermonaten etwas ausruhen. Sie müssen dann nicht – wie in der hektischen Erntezeit – morgens
um fünf Uhr aufstehen und bis zum nächsten Morgen um
zwei Uhr arbeiten, ehe sie ein paar Stunden Schlaf finden.
Ihre Kollegen im Süden, die im Jahr bis zu drei Ernten ein-

fahren, sind schlechter gestellt – allerdings dafür mit dem Vorteil, mehr verdienen zu können. Dennoch finden sie mehr Muße für Feste und kleine Feiern. Das hat wohl mit dem Klima zu tun: Das schöne warme Wetter fördert die Lust am Leben, und das Vertrauen auf eine freundliche und freigiebige Natur mindert die Last der Arbeit. Jene Hamstermentalität der Menschen im Norden, die sich ja jedes Jahr durch fünf bitterkalte Monate durchbeißen müssen, ist weniger ausgeprägt. Dennoch: Hier wie dort verbringen heutzutage die Bauern beziehungsweise ihre arbeitslosen Angehörigen ihre freie Zeit vornehmlich auf den Märkten, seit wieder ein kleiner Teil der Ernte auf eigene Rechnung verkauft werden darf. Da bleiben kaum Möglichkeiten, sich schöne Landschaften anzusehen, im Meer zu baden, Kulturgüter zu betrachten. Nur einmal im Leben in die Hauptstadt Peking zu reisen, ist wohl der Traum eines jeden.

Manche Bauern verdienen gut und besitzen Häuser, von denen die Städter nur träumen können. Einhundert Millionen Menschen auf dem Land sind jedoch noch bitter arm. Aber sie haben die unversehrte Natur, die sie – wie kärglich auch immer – ernährt, die ihnen Raum gewährt zum Jagen, Fischen und Sammeln, und die ihnen Stoff für Geschichten liefert, die man sich am Abend erzählt. Das Leben der meisten Familien, die vor einigen Jahrzehnten noch vom Hungertod bedroht waren, ist zwar reicher geworden, doch viele Städter würden dennoch nicht mit ihnen tauschen wollen: Oft gibt es keinen Strom, kein Gas zum Kochen, keine Kinos, kaum kulturelle Veranstaltungen in den Kreisstädten. Andererseits aber erwecken begüterte Bauern ihren Neid.

Die Städter haben im Jahr etwa zehn Tage frei – zu Neujahr, während des Frühlingsfestes, am 1. Mai und am 1. Oktober. Höhere Staatsangestellte bekommen dazu etwa noch 15 bis 20 Tage Urlaub. Wer früh heiratet, erhält drei Tage Hochzeitsurlaub. Wer später – im Alter über 23 Jahren heiratet –, bekommt zehn bis 15 Tage für seine Flitterwochen, sozusagen als Bonus für späte Hochzeit; die chinesische Regierung ist, um die Bevölkerungsexplosion einzudämmen, an nur einem Kind pro Familie interessiert, das möglichst spät geboren werden soll. Am meisten Urlaub haben Lehrer,

Professoren und ihre Schüler – einen Monat im Winter, zwei im Sommer. Da das nicht gerecht sein kann, sorgt die Obrigkeit gern für Praxis-Kurse, etwa mit den Themen „Von den Bauern lernen" oder „Unterentwickelte Gebiete durch Wissen fördern". Sie zehren viel von dieser Freizeit auf. Auch Chinesen, die bei Ausländern arbeiten, genießen neben den Feiertagen großzügigen, vom Staat festgelegten Urlaub.

Das Freizeitangebot ist nicht sehr groß und der Weg zur Freizeit häufig mit Schwierigkeiten versehen: Oft genug lassen sich beliebte Ausflugsorte in der Nähe großer Städte nur in überfüllten und langsamen öffentlichen Verkehrsmitteln erreichen. Privatfahrzeuge sind in China immer noch eine große Ausnahme, obwohl höhergestellte Personen oder Menschen mit Organisationstalent für eine Wochenendfahrt ein Auto zur Verfügung haben. Häufig organisiert die „Einheit", die ja nicht nur das Arbeitsleben ihrer „Angehörigen" regelt, sondern sich auch für deren körperliches und seelisches Wohl zuständig fühlt, Ausflüge – mehr und mehr nicht allein nur für sogenannte Muster-Arbeiter. An Touristenorten, aber auch in Zoos, Palästen und Vergnügungsparks innerhalb der Städte wimmelt es von Menschen, besonders an Sonn- und Feiertagen. Die Eintrittspreise sind niedrig, sie betragen häufig nur einige Pfennige. So ist die Erklärung eines Pekinger Tourismus-Fachmannes nicht verwunderlich, daß für das käufliche Privileg, auf das Tor des Himmlischen Friedens zu steigen – der Eingang zum Kaiserpalast, von dem Mao 1949 die Volksrepublik ausrief – der für chinesische Verhältnisse astronomische Betrag von knapp 15 Mark gezahlt werden muß: Man macht dies, um die Massen abzuhalten. Auch die Freude daran, Ausländern möglichst viel Geld aus der Tasche zu locken, wird ihren Teil zu der Preisgestaltung beigetragen haben.

Freizeit in China: Abends und am Wochenende sitzen die meisten Menschen vor dem Fernsehapparat. Junge Leute bemühen sich um Karten für Kinos, Konzerte und Sportveranstaltungen oder organisieren ein Picknick im Freien. Alte Leute spazieren frühmorgens in die Parks und führen in Käfigen ihre Singvögel aus. Nachmittags treffen sie sich vielleicht zu Kricket-Turnieren – eine Mode, die in den vergangenen

Jahren von Japan aus Eingang in China gefunden hat. Die Ausländer laden sich abends gegenseitig in ihre Wohnungen oder in Restaurants ein, erkunden an Wochenenden die Umgebung, fahren in den Ferien nach Tibet, Tsingtao und zur Seidenstraße – bevor sie nach etwa zwei Jahren entdecken, daß die Beschwerlichkeiten des Reisens in China die nun nicht mehr allzu exotischen Einblicke nicht aufwiegen.

Eine Freizeitphilosophie hat sich in China noch nicht entwickelt, dazu ist das Land zu arm. Der Tourismus ist ganz auf Fremde ausgerichtet, die Devisen ins Land schaffen. Sie müssen grundsätzlich für Dienstleistungen aller Art erheblich mehr zahlen als Chinesen, brauchen dafür aber seltener Schlange zu stehen beim Kauf von Tickets für Flugzeuge oder Züge und erhalten schneller eine Hotelreservierung. Auch die chinesische Freizeit-Industrie dient diesem vorrangigen Zweck: Luxus-Hotels, für Einheimische nicht zugelassen oder unbezahlbar, schießen selbst in lieblichsten Landschaften aus dem Boden; Straßen, Brücken, Seilbahnen werden an verträumten Stellen ohne Rücksicht auf die Natur geschaffen. Vielleicht werden solche Errungenschaften dereinst auch chinesischen Touristen dienen, wenn die Ausländer ausbleiben, weil sich die Einsicht durchgesetzt hat, daß der Freizeitwert Chinas mit Beton zugeschüttet worden ist und eine Reise von Oberbayern nach Norditalien größere kulturelle und landschaftliche Abwechslung bietet als eine Zugfahrt von Peking nach Guilin.

Schlachter mit frischem Fleisch

Wie funktioniert ein „freier" Markt in China? Schauen wir uns denjenigen südlich der „Avenue außerhalb des Tores zum Aufbau des Reiches" an, zehn Minuten entfernt vom alten Observatorium, das Tor ist schon lange abgerissen. Sicher, dieser kleine Markt ist etwas Besonderes unter den etwa 600 freien Märkten im Großraum Peking, besucht ihn doch mancher „Wai-Bing", ausländische Gast, der genau gegenüber im Ausländer-Getto lebt. Doch er unterscheidet sich wenig von den anderen; vielleicht nur dadurch, daß hier tagsüber Pferdefuhrwerke und Traktoren das Handelsgut nicht antransportieren dürfen – solches könnte ja großnasige Kunden verschrecken.

Hindurch zwischen zwei dreistöckigen Backstein-Wohnhäusern: dahinter ein fünfzig Meter breiter, baumbestandener Innenhof, langgezogen vor der nächsten Häuserreihe. Die Gehwege sind gesäumt von Händlern. Links in Buden die Metzger, gegenüber ein „fliegender" Schuster. Weiter hinten rechts werden auf numerierten, 150 Zentimeter breiten Betonplatten Gemüsearten der Saison feilgeboten, Eier, Gewürze. Vorne neben dem Eingang Hosen, Tischtücher, Kinderschuhe. Gegenüber die Schneider, auch ein kleiner Stand mit einer Miniatur-Nähmaschine, auf der gerade zwei Stoffbahnen zusammengenäht werden. Dann noch Plastikeimer, Korbwaren, Kochtöpfe, ein kleiner Metzger mit Hammelfleisch für die Muslime, eine Garküche – insgesamt etwa fünfzig Stände. Im Sommer, zwischen Juli und September, sind es mehr, fast einhundert. Knapp die Hälfte der Händler lebt in der Region Peking; die anderen sind aus dem großen Reich hierhergereist, um in der Hauptstadt ihr Glück zu machen – besonders Schneider, fast alle stammen aus Südchina. Sie wohnen bei Verwandten oder in kleinen Hotels, ihre Aufenthaltserlaubnis für Peking ist zeitlich begrenzt. Sie müssen hier ein Garantieschreiben ihrer Herberge abliefern – denn schließlich mag ja der Kunde, der dem Schneider Stoff zum Verarbeiten brachte, notfalls wissen, wo er ihn zurückfordern kann.

Von den fünfzig Ständen derzeit haben zwanzig „Eigenproduzenten" gemietet, Leute also, die etwa ihr selbstgezogenes Gemüse anbieten, an den anderen sitzen „Zwischenhändler". Die Standmiete richtet sich nach der Attraktivität des Platzes: Vorne am Tor müssen monatlich 24 Yuan, über 10 Mark, bezahlt werden, weiter hinten wird nur noch die Hälfte verlangt. Wegen der Überschaubarkeit dieses Marktes und wegen der Zeit, die viele Käufer haben, erscheint uns dieses Mietsystem nicht angemessen, aber die Chinesen sammeln ja erst seit einigen Jahren Erfahrung mit freien Märkten. Die Stände können auch tageweise gemietet werden, für 30 bis 60

Pfennig – ausgenommen die Schlachter, ihnen wird nur eine monatliche Konzession erteilt, damit gleichbleibende Qualität der Fleischprodukte gewährleistet ist. Dafür sorgen auch staatliche Kontrolleure, die einmal wöchentlich unangemeldet Stichproben in den 14 Fleischerbuden entnehmen.

Das Fleisch muß einen Stempel vom Beschauer des Amts für Viehzucht tragen, die Verkäufer hängen ihre Ausweise an die Buden, die ihre Gesundheit ausweisen. Die Schlachter zahlen Kaution, monatlich rund 70 Mark, als Garantie für frische Ware, für genau bemessenes Gewicht. Die Zahl der Fleischhauer-Stände ist in diesem Markt auf 15 begrenzt, um den einzelnen vor übergroßer Konkurrenz, vor zu geringen Verdienstaussichten zu schützen. Jeder Schlachter – die meisten kaufen das Fleisch von einem Schlachthof – kann täglich zwanzig bis dreißig Mark verdienen, vor großen Festen mehr. Wohlgemerkt: pro Tag – und verdienen: das ist erheblich in China, wo der Lohn eines Arbeiters, eines Intellektuellen bei höchstens hundert Mark im Monat liegt. Lebende Hühner werden kostenlos geschlachtet und von den Federn befreit, dies ist vor allem als Dienstleistung für alleinstehende ältere Damen gedacht, die ja mit dem Federvieh ihre Not hätten, aber nur „frisch", also lebend einkaufen möchten.

Gut zu verdienen ist auch mit Obst, täglich etwa 20 Mark, im Sommer während der Wassermelonen-Zeit bis zu 70 Mark, auch bei Gemüse im Winter – im Sommer, wenn das Angebot reichlich ist, mag es hier und da allerdings zu Verlusten kommen. Werden die Preise hier festgelegt? Kaum, der freie Markt fungiert eher als Preisbarometer für den Staat. Dieser bestimmt täglich, was Gemüse oder Fleisch in den staatlichen Läden kosten darf. Wenn die freien Händler höhere Preise erzielen, wird dies vom Verwaltungsbüro des Marktes dem Staat mitgeteilt, der dann mit der Festsetzung einer neuen eigenen Preisobergrenze reagiert. Diese Grenze muß auf den freien Märkten nur selten – zum Beispiel für Sellerie – eingehalten werden.

Der Markt öffnet um sieben Uhr morgens, schließt zwölf Stunden später. Abends sind die Lebensmittel natürlich billiger, denn welcher Händler wollte seine Ware schon mit dem Fahrrad wieder nach Hause transportieren. Gegen sechs Uhr kann man, wenn gute Qualität noch vorhanden ist, Naturalien schon für ein Drittel des Morgenpreises erwerben.

590 freie Märkte gibt es im Regierungsbezirk Peking. Sie werden in drei Stufen eingeteilt: Große mit über 250 Ständen, mittlere – 100 bis 250 Stände, und kleine – unter 100 Ständen, sie machen mehr als zwei Drittel der Gesamtzahl aus. Außerdem sind da noch einige Spezialmärkte für elektrische Geräte oder etwa hochwertige Kleidung. Die Zahl der Märkte hat sich seit 1985 mehr als verdoppelt. Denn die meisten Gemüsepreise, bis dahin vom Staat festgesetzt, wurden freigegeben. Außerdem hat sich die Einsicht durchgesetzt, daß die freien Märkte nicht nur als Ergänzung der staatlichen anzusehen seien, sondern als wichtiger Kanal für den Warenfluß. Den Bauern in der Nähe der Städte werden bessere Einkommensquellen erschlossen, die Stadtbewohner müssen nicht mehr so weit gehen, um ihre Lebensmittel einzukaufen, die Auswahl ist vielfältiger.

Nachgedacht wird derzeit über ein Steuersystem für Zwischenhändler; für die „Eigenproduzenten", vornehmlich Gemüsehändler also, sind Steuern nicht vorgesehen. Die Marktgebühren sollen zwei Prozent der Händler-Einnahmen nicht übersteigen, die Marktverwaltung führt sie nicht an den Staat ab, das Geld soll vielmehr zur Verbesserung der eigenen Infrastruktur genutzt werden.

Sind die freien Märkte in China beliebt? Ja, weil in den Staatsläden – im Durchschnitt billiger – die Waren begrenzt sind, sie nicht gefällig dargeboten werden, unsaisonalen Wünschen der Kundschaft nicht entsprochen wird, das Schlangenstehen Bestandteil des Einkaufens ist. – Nein, weil jeder Chinese grundsätzlich einem Händler mißtraut, könnte der ihm doch ansehnliche Gemüsestauden verkaufen, in deren Mitte mit Wasser getränktes, schweres und deshalb teureres Gestrüpp verborgen ist; könnte der doch alte Eier unter frische mischen, seine Waage manipuliert haben; könnte der doch sein altes Fleisch für neu verkaufen oder „Marken" auftischen, die gefälscht sind.

Die Verantwortlichen wissen um solches Mißtrauen. Geeichte Waagen stehen auf dem einen oder anderen Markt der Kundschaft zur Verfügung zum Nachwiegen. Auf einem

Markt wurden zehn Stangen Zigaretten verbrannt – sie waren fälschlicherweise als „Phönix"-Zigaretten ausgezeichnet worden. Auch mangelhaftes Fleisch wurde schon vernichtet. In „unserem" Markt wird ein Händler, der seine Kundschaft um ein Tael übervorteilt, damit bestraft, dem Kunden zwei Tael als Buße zukommen zu lassen, außerdem sollen Uneinsichtige noch einmal knapp eine Mark Strafe an das Verwaltungsbüro zahlen.

Die freien haben bei der Versorgung der Städter noch nicht die Bedeutung der staatlichen Märkte erreicht. Die freien Märkte manifestieren den Willen der politischen Führung, die große Erfahrung der Bevölkerung im Handel, ihren natürlich auch am Vorteil der eigenen Familie orientierten Fleiß einzusetzen für einen besseren Lebensstandard. Dazu gehört – am Rande – auch, daß der Kauflustige heute eher wieder wie ein umworbener Kunde auftreten kann, sich nicht wie ein Bittsteller fühlen muß beim Kauf von Ingwer, Schweineleber oder Hühnereiern.

ZWEIFEL AM REICH

Steuermann oder Tyrann?

Der enorme Aufschwung der Volksrepublik China hat viele Thesen des Revolutionärs Mao Tse-tung nach seinem Tod ad absurdum geführt – insbesondere diejenigen Thesen, die er in „Friedenszeiten", also nach dem Sieg der Kommunisten im Jahre 1949, zum Aufbau einer sozialistischen Gesellschaft formulierte. Mao war ein zerstörerischer Geist, der den Feind brauchte, um seine Visionen von einer gerechteren Gesellschaft durchzusetzen. Er hat mehr als fünf Jahrzehnte lang, bis 1949, Erfahrungen sammeln können im Kampf gegen Feinde – bei den Auseinandersetzungen mit der nationalistischen Kuomintang unter Führung Tschiang Kaischeks, bei den Kämpfen mit den japanischen Eindringlingen, bei Streitereien mit den von Stalin entsandten „weißen" Vertretern der Komintern, aber auch früh genug schon im täglichen Konkurrenzkampf mit den eigenen Genossen.

Über die Fähigkeit Maos, im Angesicht widriger Umstände seinen Willen zur Machtnahme über das chinesische Volk durchzusetzen, ist viel gesagt worden. Wir konzentrieren uns hier zunächst auf sein Wirken in demjenigen Vierteljahrhundert, das eingerahmt wird von zwei Bildern: Mao hißt auf dem Tor des Himmlischen Friedens die rote Fahne mit den fünf goldenen Sternen; Mao wird im Kristallsarg im Mausoleum in der Mitte des riesigen Platzes des Himmlischen Friedens zur Ruhe gebettet. Die Chinesen brauchten nach einem Jahrhundert der Demütigungen durch ausländische Mächte, nach einem Jahrhundert der Bürgerkriege, Naturkatastrophen, Zersplitterung ihres Reiches einen Retter, der dem Land, seinen Bewohnern wieder Zuversicht vermittelte, der für die vornehmlich bäuerliche Bevölkerung Übervater sein konnte, gleichzeitig aber auch einer von ihnen sein sollte. Mao schien ideal: er stammte von Bauern ab, hatte die den Bauern verhaßte Korruption und Mißwirtschaft bekämpft, war gegen die verhaßten japanischen Besatzer ins Feld gezogen, schrieb außerdem eigenhändig Gedichte – kein unerheblicher Bonus in einem Land, in dem dem Gelehrten der Schrift immer noch scheue Hochachtung gezollt wird. Außerdem war Mao 1949 Sieger geworden: und wie in manch anderem Land traut man auch in China dem Sieger noch große Taten zu.

Daß Mao dieser Vorschußlorbeeren nicht würdig war, merkte das Volk zu spät. Schon wurde er in Schulen wie ein Gott verehrt, seine Konterfeis schmückten bereits Marktplätze, Jurten, Poesiealben. Seine Sprüche, wie nichtssagend auch immer, wurden an Straßenkreuzungen auf riesige Plakatwände gepinselt, seine „Werke" in Höchstauflage unter die Massen geschleudert, Bannerträger paradierten mit riesigen Mao-Köpfen durch die Straßen, Eltern „tauften" ihre Kinder gern mit dem Namen, die an die Heldentaten Maos erinnern sollten – ganz wie vor einem halben Jahrhundert der Name Adolf in vielen deutschen Standesämtern Konjunktur hatte. Dieser Kult um einen Sterblichen hatte seine Blüte in den sechziger Jahren – damals waren ja selbst viele westeuropäische Intellektuelle nicht gefeit gegen die Anziehungkraft eines Mao Tse-tung.

Wie kam es dazu? Den Europäern soll kein Vorwurf gemacht werden, sie wußten es nicht besser: Das Reich der Mitte war damals weit entfernt und wegen seiner von xenophoben Beamten beherrschten Presse- und Visaabteilungen schwer zugänglich – was natürlich dennoch dazu herausforderte, einmal an der Großen Mauer zu schnuppern und auch gleich davon zu berichten. Für sie hatte ja auch ihr Mao-Rummel keinesfalls die Folgen wie für die Betroffenen. Die nämlich begannen, unter ihrem Diktator zu leiden. Er hatte ihnen eine Art Frieden gebracht – Ruhe vor Feinden aus dem Ausland, Niederschlagung der Widersacher in China selbst. Mit diesem Frieden aber war sein Hunger nach Überlegenheit nicht gestillt. China sollte wieder das herausragende Volk unter allen Völkern werden: also innerhalb kürzester Zeit zumindest die Kohleproduktion der Briten übertreffen, die Führung in einer von ihm definierten Dritten Welt übernehmen und außerdem der sozialistischen Welt beweisen, daß der Sprung von einem halb- oder ganz feudalistischen in einen fast schon ganz kommunistischen Staat innerhalb kürzester Zeit zu schaffen sei. Derartige Wachträume hat Mao nicht nur zu Papier gebracht, er hat sie auch gegen den Widerstand der vor seinen Geheimpolizisten zitternden Bevölkerung in die Tat umzusetzen versucht.

Die Ergebnisse waren katastrophal. Viele hunderttausend Menschen sind bei dem „großen Sprung nach vorn", mit dem Mao aus biederen Bauern kurzerhand qualifizierte Arbeiter an selbstgezimmerten Hochöfen machen wollte, verhungert. Vielleicht eine Million Chinesen sind bei seinem zweiten gigantischen Projekt zur Veränderung der Gesellschaft ums Leben gekommen: während der verheerenden Kulturrevolution. Mao, dem wegen des Widerstandes verantwortungsbewußter Politiker, auch wegen des von ihm gebrandmarkten Beharrungsvermögens der Bürokratie die Macht zu entgleiten drohte, wollte mit einem von ihm als genial betrachteten Schlag die verkrustete chinesische Gesellschaft zu neuer Blüte prügeln; er bediente sich damals, Mitte der sechziger Jahre, eines perfiden Tricks, um sich in seinem letzten Lebensjahrzehnt weiter als Großer Steuermann, als Großer Lehrer feiern zu lassen: er hetzte junge Menschen gegen ihre Eltern auf. Die Wunden dieser düsteren Zeit sind bis heute nicht vernarbt.

Daß sie überhaupt heilen konnten, ist den Staatsmännern zu verdanken, die nach Maos Tod am 9. September 1976 die Scherben beiseite räumten. Sie machten sich daran, ein neues China aufzubauen, ein China ohne selbstzerstörerischen Personenkult, ohne stumpfe Isolation von der Außenwelt, ohne die primitive Ideologie, die Fähigkeiten eines Pferdewagenführers und eines Physikers für austauschbar zu erklären. Dieser Versuch der Erneuerung ist noch nicht abgeschlossen. Die wirtschaftlich sowieso arme, von Mao und seinen Maoisten zur kulturellen Wüste, zu einem Reich der Angst verkommene Volksrepublik China mußte sich wieder auf die Eigenschaften besinnen, mit denen die Chinesen vor Jahrtausenden schon eine große Kulturnation, das Reich der Mitte, aufbauten. Diese Eigenschaften sind: Weltläufigkeit, Erfindungsreichtum, Fleiß, Leidensfähigkeit im Angesicht von Naturkatastrophen, keimender Widerstandswille im Angesicht politischer Mißwirtschaft und ein von Chuzpe getragenes Streben nach flinken Vorteilen, das hauptsächlich an der ehrwürdigen Bürokratie auszuprobieren sich lohnt, heute auch manchmal an einem Ausländer. Der wichtigste Charakterzug der Chinesen allerdings ist der Einsatz für das nächste, die eigene Familie. Danach erst mag der Sprengel, die Stadt, die Provinz, die Nation kommen. Über eine Milliarde Menschen leben hier.

Um diese Nähe der Menschen, die ja auch nach Schweiß, Eifersucht, Neid riechen kann, zu erspüren, war Mao in seiner Großmannssucht zu klein, zu unerfahren. Nach Maos Tod wurde den kleinen Leuten Chinas wieder Raum zur Entfaltung gegeben – klein heißt hier: bedacht auf den kleinen eigenen Vorteil, auf Traditionen, auf Ferne von nutzlos erscheinenden großen Weltverbesserungen. Und siehe da: den meisten Menschen in China ging es besser, sie zeigten Freude am Leben – kleideten sich feiner, wagten Geld auszugeben für Feiern und kauften Maschinen, die ihnen die körperliche Arbeit erleichtern. Manche kleinen Leute in den Dörfern bestanden wieder darauf, ihre Toten in der besten Erde der Felder zu bestatten; in den Städten ihre Kinder gegen viel Geld auf die angeblich besten Schulen zu schicken; mit kleinen Geldscheinen „Hintertürchen" für Verwandte zu öffnen; mit angeblich herrenlosen Rohstoffen Profit zu machen; auf dem schwarzen Markt zu Reichtum zu gelangen.

Die Ära Mao war in der chinesischen Geschichte allenfalls ein Atemzug: ein Bauernsohn versuchte – wie oft schon in den Jahrhunderten davor – ein Reich zu einen. Mao gelangte zwar nach langen Kämpfen bis in das Zentrum der Macht, war aber nicht in der Lage, dem Reich Frieden zu bringen. Viele Jahre nach dem Tod des Bauernsohnes aus Hunan sind die kleinbürgerlichen Züge dieses Diktators benennbar: Rechthaberei, Selbstgefälligkeit, Glaube an die eigene Unfehlbarkeit, vor allem aber: die Perversion der urchinesischen Eigenschaft des „wan jie". Dieses Wort ist schwer übersetzbar, „Rechtschaffenheit bis ins hohe Alter" trifft nicht den

Kern. „Wan jie" bezeichnet die Tugend, ein Leben lang an für richtig erachteten Grundsätzen festzuhalten – ohne Ansehen daraus entstehender persönlicher Nachteile, ja sogar des eigenen Todes.

Mao hat diese einer feudalen Zeit entstammende, heute noch dem benachbarten Japan anzutreffende Haltung der noblen Unterwerfung unter einen Herrn, unter ein übergeordnetes Interesse pervertiert. Er betrachtete seine Überzeugungen als das Dogma, dem sich China zu unterwerfen hatte. Und er hielt an ihnen selbst dann noch fest, als das chinesische Volk darniederlag. Noch immer hängt am Tor des Himmlischen Friedens im Zentrum der Hauptstadt das Porträt Maos. Es wird dort eine Weile bleiben, und das ist gut. Eine übereilte Demontage des einst Großen Steuermannes würde neue Unruhe bringen: zu viele Fragen müßten ausweichend beantwortet werden, zu viele schmerzende Erinnerungen kämen wieder an das Tageslicht. So blickt Mao, der Vergängliche, über den großen Platz, dient als Hintergrund für Erinnerungsfotos. Eines Tages, wenn die Erinnerungen der ehemaligen Rotgardisten und der alten Kämpfer verblaßt sind, wird er womöglich Schulkindern als warnendes Beispiel dafür vorgehalten, wie aus einem einst geachteten Revolutionär ein Tyrann wurde.

Verlorene Generation: „Schanghai-Jugendliche"

In den fünfziger und sechziger Jahren, als die Volksrepublik China radikale gesellschaftliche Experimente einem allmählichen Aufbau der Wirtschaft vorzog, um Anschluß an die Industrienationen zu finden, wurde eine große Zahl von Jugendlichen aus den Städten „hinab aufs Land" geschickt. Sie sollten dort von den „Massen" lernen, gleichwohl auch den Massen ein wenig von der städtischen Kultur nahebringen – und wurden dabei um die Möglichkeiten akademischer Weiterbildung betrogen.

Aus der größten Stadt des Landes, Schanghai, wurden ungefähr eine Million Jugendliche in Dörfer verpflanzt, Hunderttausend von ihnen gingen in die entlegenen Gebiete der nordwestlichen Grenzregion Xinjiang. Wer die Lebensart der Menschen in der internationalen Hafenstadt Schanghai kennt, dem fällt es nicht schwer, die Mühsal dieser jungen Leute nachzuempfinden. Manche von ihnen mögen sich damals viele tausend Kilometer von ihrer Heimat entfernt in unwirtlichem Gebiet angesiedelt haben wegen des ihnen eingeimpften Bewußtseins, einer noblen sozialistischen Idee zu dienen; und die Vorstellung, nach einigen Jahren wieder nach Schanghai zurückkehren zu können, mag den meisten der damals noch nicht einmal 20 Jahre alten Menschen über das Heimweh hinweggeholfen haben.

Doch für viele trog die Hoffnung: Nach einem Bericht der in Schanghai erscheinenden Zeitschrift „Gesellschaft" leben heute immer noch 47000 „Schanghai-Jugendliche" – nun im dritten oder vierten Lebensjahrzehnt – in Xinjiang, ohne Aussicht auf Rückkehr. Zurückkehren konnte, wer krank war, noch nicht geheiratet oder Eltern hatte, die kurz vor der Pensionierung standen – der in ihrer „Einheit" freiwerdende Arbeitsplatz berechtigte bis vor kurzem zu einer sozusagen vererbbaren eigenen Arbeitsstelle. Die übrigen – knapp die Hälfte – müssen bleiben, aus einer brutal anmutenden, ganz einfachen Überlegung: Die Stadt Schanghai ist überfüllt. Wenn jeder der eine Million zählenden „Landjugendlichen" wieder zurück wollte, würde das Leben in der berstenden Metropole noch schwieriger.

Solches ist kein Trost für die in der Ferne Zurückgebliebenen, denn sie leben – selbst bei stärkstem Engagement – unter extremen Bedingungen. Mit der im Jahre 1983 begonnenen Einführung des Systems der individuellen Verantwortung auf dem Land ist jeder dieser alternden „Jugendlichen" nun auch selbst für die Erträge der ihm überlassenen Äcker, vier bis sieben Hektar, zuständig. Aber die „Jugendlichen" waren zuvor nicht angehalten worden, sich den Ackerbau zu eigen zu machen. Außerdem müssen sie Abgaben leisten für Pensionskassen, Verwaltungspersonal, gemeinnützige Unternehmen. Das Geld reicht nicht. Das kulturelle Angebot in den entlegenen Gebieten ist nach den Worten der Zeitschrift

„Gesellschaft" so trocken wie die Wüste ringsherum. Fernsehsendungen erreichen die Region häufig nicht, Zeitungen treffen mit mehrwöchiger Verspätung ein, manche Orte können noch nicht einmal Rundfunk empfangen.

Da sie auch nicht mehr in Schanghai registriert sind, sehen die einst mit mehr oder weniger Überredung in die Grenzregion verfrachteten Menschen auch kaum noch eine Möglichkeit, im Alter in ihre Geburtsstadt zurückzukehren, um dort ihre letzten Lebensjahre zu verbringen, wie es die chinesische Tradition gebietet. Und die Kinder der „Schanghai-Jugendlichen" haben kaum Aussichten auf eine Ausbildung an einer höheren Lehranstalt. Auch ihnen ist die Rückkehr in die Stadt am Meer verwehrt.

Am meisten aber erschüttert in dem Bericht folgendes: Seit einigen Jahren werden immer mehr Sträflinge zur Zwangsarbeit nach Xinjiang geschickt. Sie arbeiten neben den „freien", ehemals jungen Leuten aus Schanghai, besitzen ihnen gegenüber aber einen unermeßlichen Vorteil: Nach Verbüßung der Strafe können sie womöglich zurückkehren in ihre Heimat. Da muten halbherzige Versuche der Stadt Schanghai, ihre verlorenen Kinder zu besänftigen – zum Beispiel durch den Bau einer Fernsehstation in Xinjiang – allenfalls wie saure Bonbons an.

„Saubere" Gesellschaft

China ist im Feudalismus verwurzelt. Dies zeigt der Umgang mit der Todesstrafe. So wurden in Peking an einem Tag einunddreißig junge Männer hingerichtet. Sie waren zum Tode verurteilt wegen Mordes, andere wegen bewaffneten Raubes, wegen Vergewaltigung, wegen wiederholten Diebstahls. Bevor sie auf dem Hinrichtungsfeld niederknien mußten und erschossen wurden, waren sie in einer Sportanlage noch den Volksmassen vorgeführt worden. In der Stadt wurden Anschläge aufgehängt mit den Urteilen des mittleren Volksgerichtshofes der Stadt Peking, die Vollstreckung der Todesurteile war, wie in China üblich, durch einen dicken roten

Haken angezeigt – wie ein Krämer Posten auf seiner Liste abhakt. In chinesischen Zeitungen wurden die Hinrichtungen nicht gemeldet.

Die Todesurteile waren natürlich zur Abschreckung gedacht oder zur Beschwichtigung eines angeblichen Volkszornes, das macht die große Zahl der an einem Tag Hingerichteten deutlich. Denn in China findet wieder einmal eine Kampagne gegen das Verbrechen statt. Wenige Tage bevor die Männer erschossen worden waren, hatten die Behörden die Bevölkerung aufgerufen, Kriminelle zu melden, und Kriminelle aufgerufen, sich der Polizei zu stellen – gegen die Zusage milderer Strafe. Nun weiß jeder, der sich mit den Auswirkungen einer Todesstrafe auf das Verhalten potentieller Verbrecher beschäftigt hat, daß sie nicht abschreckend wirkt. Dies müßte auch den chinesischen Behörden geläufig sein, wenn sie sich nur einmal mit den Kriminal-Statistiken der Länder, in denen die Todesstrafe abgeschafft wurde, beschäftigten. Die Strafbehörden könnten sich auch der jüngsten Vergangenheit erinnern, der sogenannten Kulturrevolution, als den unter der Führung der Kommunistischen Partei stehenden staatlichen Institutionen ein Rechtsempfinden völlig abhanden gekommen war und viele tausend Menschen hingerichtet wurden – wahrscheinlich zur Abschreckung. Heute sind die Zeiten besser, heute werden einige der Hingerichteten rehabilitiert – Witwen und Waisen zum Troste, nur: Der Tote wird nicht wieder lebendig.

Viel erschreckender als die öffentliche Vorführung der Verurteilten, die manches Mal auf Lastwagen durch die Orte gefahren werden, ein Schild um den Hals gebunden, auf denen die ihnen vorgeworfenen Taten stehen, viel erschreckender auch als der rote Haken auf dem Todesurteil ist die Rechtsunsicherheit, die in China herrscht: Ein Dieb kann wegen der politischen Zeitläufe plötzlich zu einem Kapitalverbrecher werden, ein großer Verbrecher mit den besten Verbindungen nach „oben" aber unbehelligt bleiben oder milde bestraft werden. Denn die Gesetze und ihre Ergänzungen sind derart ausholend formuliert, daß die strafende Gewalt ohne Rabulistik der politischen Macht zu Diensten sein kann – wenn denn zwischen beiden in China überhaupt ein Unterschied besteht. Eine Gegenkraft zu den Richtern, die mit Todesurteilen abschrecken wollen, existiert nicht, eine Verteidigung der Angeklagten, die diesen Namen nach europäischem Verständnis verdiente, gibt es in China nicht.

Wie derartige Kampagnen, die zu Massenhinrichtungen führen, entstehen, ist schwer zu durchschauen. Wahrscheinlich aber stellen einige hohe Politiker irgendwann fest, die Kriminalität sei wieder unerträglich geworden, Exempel müßten also statuiert werden. Dies mag dann den Gerichtshöfen mitgeteilt werden, die daraufhin eifrig zum Tode verurteilen. Seit Jahrtausenden schon strebt die chinesische Obrigkeit nach einer „sauberen" Gesellschaft, deren Mitglieder durch beispielhaftes Benehmen der „Edlen", der Führer, oder durch beispiellos harte Strafen – nicht unbedingt vorgeschrieben durch eherne Gesetze – von Vergehen und Verbrechen abgehalten werden müßten. Und die Kommunisten tun sich besonders schwer mit einer „unsauberen" Gesellschaft. Ihnen will genausowenig wie ihren konfuzianischen Ziehvätern in den Kopf, daß eine Gesellschaft ganz ohne Kriminalität in das Reich der Utopien gehört.

Am erschreckendsten aber ist: In China scheint sich kein Mensch über Richter zu empören, die kleine Diebe hinrichten lassen. Die Mächtigen zeigen die Zähne, das Volk hat sich in seiner langen Geschichte daran gewöhnt, nicht aufzumucken – in der Vergangenheit kam es allenfalls, wenn die Not zu groß wurde, hin und wieder zu Bauernaufständen, in denen die Herrschenden davongejagt wurden. Von einem solchen Zustand kann heute in China selbstverständlich kaum die Rede sein. Desto unverständlicher muß einem Außenstehenden erscheinen, mit welchem Gleichmut (zumindest nach außen) die Bewohner Pekings vor den weißen Anschlägen mit den roten Haken stehen und Todesurteile lesen, die in demokratischen Ländern unmöglich wären. Doch solcher Gleichmut hat seinen Ursprung im Feudalismus, in dem China noch gefangen ist: nicht auffallen, mit den Mächtigen nicht in Konflikt geraten, da der kleine Mann dabei noch immer den kürzeren ziehen wird. Und die Witwe Mao Tse-tungs, die sicher ungleich größeren Schaden über die chinesische Gesellschaft gebracht hat als ein hingerichteter junger, arbeitsloser

Autodieb, wurde zwar auch zum Tode verurteilt, auf Bewäh-
rung, nach zwei Jahren dann aber zu lebenslänglicher Haft
begnadigt. Bei solch eklatanten Unterschieden in der Bemes-
sung der Strafen sollten potentielle Gegner der Todesstrafe in
den oberen Ebenen der Partei ansetzen – wenn es sie denn
gibt und wenn sie sich denn trauen.

Die Kleinstfamilie widerspricht Chinas Traditionen

Es ist nicht leicht mit der Familienplanung in China. Wen
man auch spricht von den jüngeren Leuten in den Städten:
alle verstehen die Not der Regierung, die ihnen vorschreibt,
nur ein Kind zu haben – und alle sagen, zwei wären ihnen
aber lieber. Viele dieser Ehepaare, Ende zwanzig, Anfang
dreißig, fühlen sich in ihrem Lebensglück nun schon zum
zweiten Male beeinträchtigt: Die knapp zehn Jahre während
Kulturrevolution nahmen ihnen die Möglichkeit einer vernünftigen Ausbildung als Grundlage für bessere Berufschan-
cen; und die nun seit einigen Jahren durchgesetzte Kleinstfamilie beraubt sie des urchinesischen Wunsches, im Alter einmal auf eine Schar von Enkeln und Urenkeln bauen zu
können – in den Dörfern, in denen vier Fünftel aller Chinesen
leben, ist dies sogar eine wirtschaftliche Notwendigkeit.

Die Fakten sprechen eine deutliche Sprache: Thomas
Scharping vom Bundesinstitut für ostwissenschaftliche und
internationale Studien in Köln belegt in einem Aufsatz, daß
chinesische Politiker bis vor etwa zehn Jahren die Bevölke-
rungszahl ihres Landes um etwa einhundert Millionen Menschen unterschätzt haben. Das ist katastrophal für jedes
Land, besonders aber für ein Entwicklungsland wie China, in
dem die Bevölkerung bis vor kurzem noch nicht einmal mit
dem notwendigsten an Nahrung und Kleidung versorgt werden, mancher Planer in Peking aber dank seiner geschönten
Statistiken die große Not im Lande vergessen machen
konnte.

Nach dem Zensus im Sommer 1982 wurde die Zahl der

Chinesen mit einer Milliarde acht Millionen angegeben. Das ist etwa ein Viertel der Weltbevölkerung. Die Geburtenrate ist niedriger als in anderen Entwicklungsländern, die Sterberate geringer als in hochindustrialisierten Gesellschaften. Dies liegt an den enormen Anstrengungen Chinas im Gesundheitswesen und an der Altersstruktur der Bevölkerung. Scharping schreibt: „Über die Hälfte aller Chinesen ist jünger als 25 Jahre – ein gewaltiger Kontrast zu den überalterten Populationen der westlichen Welt."

Wie wird es weitergehen? Die Berechnungen schwanken erheblich, je nachdem ob man der chinesischen Regierung eine Durchsetzung ihrer Politik der Geburtenkontrolle zutraut oder nicht. Kann sie sie durchsetzen, wird es im Jahre 2000 etwa 1,2 Milliarden Menschen in China geben, nach fünfzehn weiteren Jahren ginge die Zahl zurück. Weniger optimistische Prognosen sprechen von weitaus höheren Zahlen. 1,2 Milliarden Menschen im Jahre 2000 – das ist jedenfalls das Ziel Pekings. Um dieses Ziel zu erreichen, kann die Bevölkerung pro Jahr um etwa ein Prozent zunehmen, das heißt: auf absehbare Zeit darf jedes Ehepaar nur ein Kind haben.

Diese Politik ist aus verschiedenen Gründen problematisch. Nach einigen Jahrzehnten müßte dann, wenn auch die chinesische Gesellschaft gealtert ist, ein erwerbstätiges Ehepaar zwei Großeltern-Paare miternähren, außerdem noch ein eigenes Kind. Die Politik müßte unter den Bauern – achtzig Prozent aller Chinesen – greifen; aber dort gibt es überhaupt noch keine ausreichende staatliche Altersversorgung, die Alten sind vom Unterhalt durch ihre Kinder abhängig; die Bauern sind auch auf kräftige junge Arbeiter angewiesen – und dies sind immer noch die Söhne, die sich außerdem notfalls bei Streitigkeiten im Dorf mit ihren Fäusten Gehör verschaffen können (die Staatsgewalt kann weit sein). Auch die Frauen arbeiten hart auf den Feldern, aber heiraten sie einmal, werden sie in die Familie des Ehemannes aufgenommen. Schließlich: im chinesischen Volk, der ältesten Kulturnation, lassen sich aus Erfahrung geborene Ansichten nicht innerhalb eines Jahrfünfts durch Anordnungen beseitigen, die einer der Not gehorchenden Staatsräson entspringen.

Dennoch lockt und zwingt die Regierung in Peking mittels vielfältiger Anreize und Strafen ihre Bevölkerung zur Ein-Kind-Ehe. Junge Ehepaare hoffen auf einen Knaben. Daß Männer mehr gelten als Frauen, belegt nicht nur die erwähnte Situation auf den Dörfern; ein Blick in das Zentralkommitee der Kommunistischen Partei Chinas zeigt, daß sich auch nach einer Generation kommunistischer Machthaber in China wenig geändert hat am Herren-Status. Neugeborene Mädchen sollen von ihren Eltern in Brunnen geworfen, ermordet worden sein, heißt es hier und da; Mütter, die ein zweites Kind gebären wollten, sollen auch spät noch zur Abtreibung gezwungen worden sein, erzählt man; Mädchen sollen verkauft, etwa in die Prostitution gestoßen worden sein, heißt es. Vorstellbar sind solche Fälle. Verbrechen dieser Art sind nicht auf China, auf Entwicklungsländer beschränkt; die Regierung in Peking kämpft dagegen an, wie weit ihr Arm reichen möchte, ist allerdings schwer zu sagen.

Zwei Anmerkungen seien gemacht zur chinesischen Politik der dreiköpfigen Familie. Erstens: Solange der Staat nicht jedem Chinesen eine lebenswürdige Altersversorgung glaubwürdig zusichert (und das kann er derzeit nicht), wird sich die Ein-Kind-Familie nur bei Städtern durchsetzen, die an die einstmalige Auszahlung ihrer Rente glauben, bei Städtern, die von der Staatsgewalt gut erreicht werden können. Zweitens: Weiser wohl wäre es, die bevölkerungspolitischen Zügel ein wenig zu lockern – stehen diese einschneidenden Maßnahmen doch noch in krassem Gegensatz zu den kleinen Freiheiten, die den Chinesen seit einigen Jahren gewährt werden.

Im übrigen muß sich Peking noch intensiver der Ausbeutung der reichlich vorhandenen Bodenschätze, dem Anbau widerstandsfähigerer Getreidesorten, der Verbesserung der Transportmöglichkeiten widmen – hohe jährliche Steigerungsraten sind hier vorgesehen, die das eine Prozent des geplanten Bevölkerungswachstums um das Vielfache übersteigen. China hat das Potential, auch ohne radikale sozialtechnische Eingriffe zu einer Wirtschaftsnation zu werden, die ihrer Bevölkerung einen stetig steigenden Lebensstandard sichern kann.

Die Forderung nach der Kleinstfamilie widerspricht sämt-

lichen Gegebenheiten der Wirtschafts- und Gesellschafts-
struktur dieses großen Landes. Katastrophen mit vielen hunderttausend Toten in der Vergangenheit hatten immer auch
das Versagen der Verantwortlichen zur Ursache, weil die sich
nicht vorausschauend auf die Launen der Natur einstellten
oder vom Volk allzu rasche Veränderungen seiner Lebensge-
wohnheiten erzwangen.

Auf dem Friedhof der Duftenden Berge

Wir haben uns angewöhnt, möglichst nicht mehr an das Sterben zu denken. Vor dem Ende des Lebens verschließen wir
die Augen – wir in den reichen Ländern. Wie anders ist es bei
bäuerlichen Völkern. In China kaufen sich wohlhabende Alte
beizeiten ihren Sarg, der dann aus Raummangel zum Möbel
im größten Zimmer der Familie wird, auf dessen Rand die
Speisenden beim gemeinsamen Essen ihre Ellenbogen stützen. Dereinst, so sagt die Urgroßmutter, werde ich in diesem
Holz meine Ruhe finden – die Enkel halten inne beim Löffeln
aus Reisschälchen, furchtsam oder hoffnungsvoll. Und sie
stribt. Ihr Leichnam wird aufgebahrt in der Stube. Sie wird
hergerichtet für die Verwandten, die Klagenden aus dem
Dorf – schön aussehen soll sie an ihrem letzten Tag. Haare
kämmen, all die Furchen aus dem Gesicht streichen. Und
duften soll er auch, der Leichnam. Ein bißchen Totengeld
verbrennen, ein Papierhäuschen auch – für drüben, für ein
besseres Leben?

Ja, denn in China wird auch weiterhin an ein Leben nach
dem Tode geglaubt, ein Leben, in dem man seine Fähigkeiten
aus dem irdischen Dasein anwenden kann, ohne Erde an den
Fingern zu haben: Tomaten ziehen – natürlich nicht mehr in
gebückter Haltung, sondern als „Jenseitiger", der den Regen-
gott umgarnen kann; die untreue Stieftochter bestrafen – und
der Fluch, ihr möge endlich ein Buckel wachsen, ist dann
nicht mehr weltliches Wunschdenken, sondern wird womöglich wahr.

Der Toten wird ein Grab im besten Acker bereitet, der Sarg verschwindet in der Erde, über ihm wird fruchtbare Krume aufgehäufelt, das lebendige Land darbt wegen der Toten in den satten Feldern. China hat zu wenig Reisfelder für die Münder, da ist Platz für Totenäcker Verschwendung. Mao, der weiterhin als Begründer des neuen China bezeichnet wird, hatte einst eine vernünftige Idee und bestimmte, alle Menschen sollten nach ihrem Tode verbrannt und in Urnen beigesetzt werden. Er hat angeblich als erster Chinese verfügt, daß mit ihm nach seinem Tode so verfahren werden soll. Doch seine Nachfolger, die sich an seinen „ewigen Gedanken" zu wärmen gedachten, trieben mit ihm Schindluder, bauten seinem Leichnam ein riesiges Mausoleum, in dem er heute noch täglich von vielen tausend Bauern bei freiem Eintritt in seinem Kristallsarg zu bestaunen ist. Das spricht seinem Wunsch hohn.

Die meisten Städter Chinas jedoch geraten heute rasch nach ihrem Tode ins Krematorium. Der Bus ist vorn geschmückt mit schwarz-gelben Bändern, die Angestellten sitzen im Fond. Der Leichnam wird aus dem Obergeschoß auf einer Bahre hinuntergetragen, zwischen Sitzen plaziert, in Kurven festgehalten. In den Städten wird auf dem Weg zur Totenfeier nicht mehr geflötet, trompetet, dort fehlen die Klageweiber, die buddhistischen Priester. Der Klapperwagen bahnt sich einen Weg durch Taxis, Busse, Fahrräder. Die Last wird aus dem Fahrzeug getragen. Handelt es sich um einen angesehenen Mann, wird seine Leiche aufgebahrt, geschmückt mit Blumen, am Kopfende ist ein Schwarzweißbild des Verblichenen aufgehängt. Limousinen voller Verwandter und Kollegen halten vor dem Gebäude mit der Leiche. Verbeugungen, Reden, Tränen der Angehörigen. Klappen von Autotüren. Die Verwandten bleiben noch. Die Leiche wird weggetragen. Und wenn man dann noch einmal hinschaut, sieht man den qualmenden Schornstein.

Ein chinesischer Krematoriumsangestellter hat unlängst über seine Arbeit, die auch in China nicht recht angesehen ist, gesagt: „Je mehr solche Fälle man sieht, um so mehr stumpft man dagegen ab. Nur, mit einem werde ich mich wohl nie abfinden können: wenn Angehörige der älteren Generation ein Kind zu Grabe tragen; das fährt mir in die Knochen, das ist wider die Natur. Auch wenn es heißt, die Straße zum Jenseits durchzieht alle Lebensalter, wenn ich so was sehe, das erschüttert mich einfach. Besonders jetzt, wo laut Geburtenplanung jede Familie nur noch ein Kind haben soll."

Das Sterben in China ist ein Problem. Mao, den heute eigentlich niemand mehr haben möchte, liegt auf dem größten Platz der Welt. Höchste Beamte des Landes werden zwar verbrannt, erhalten aber doch noch einen Urnenplatz in einem Regal des besten Friedhofs im Land, dem Babaoshan-Heldenfriedhof im Westen Pekings, sie können da kostenlos über Generationen hinweg ruhen. Fotos der Toten schmücken die viereckigen, fingerspannenhohen hölzernen Urnen, vor denen Symbole für ein langes Leben – etwa kleine Pfirsiche aus Plastik – liegen. Die übrigen Chinesen aber gehen leer aus. Nach einem Jahr müssen die Angehörigen die Urne von einem gewöhnlichen Friedhof mit nach Hause nehmen – was mit ihr anfangen? Normalerweise wird sie in die Heimatprovinz gebracht und dort beigesetzt. Ist aber Geld da, können die Nachfahren Familiengräber kaufen, etwa in der Nähe der Duftenden Berge bei Peking. Die Gegend ist schön, im Westen Berge, im Osten die langsam wachsenden Wolkenkratzer der Hauptstadt. Ein kleines Familiengrab, in dem die Urnen einiger Generationen unterkommen können, kostet etwas mehr als zweitausend Mark. Das ist viel für ein chinesisches Monatseinkommen, wenig aber für die Ewigkeit. Die Grabsteine sind praktisch gestaltet: Der Name des Toten ist schwarz darauf geschrieben, der Name des noch lebenden Partners prangt in Rot. Er muß irgendwann nur noch schwarz nachgemalt werden. Im Heldenfriedhof Babaoshan sind solche „Familienzusammenführungen" im Tode nicht erlaubt, dort ruhen die Helden allein, ohne ihre Männer oder Frauen.

Auf dem Friedhof in der Nähe der Duftenden Berge, auf dem viele Ärzte und Professoren zur letzten Ruhe gebettet werden, ist hier und da auf den senkrechten Grabsteinen auch ein hervorstehendes, rot angemaltes Kreuz zu sehen. Christen bekennen sich spätestens seit einem Jahrzehnt in China wieder zu ihrer Religion, auch im Tode. Manchem der drei-, viertausend Grabmäler hier draußen sieht man noch die Wut rotgardistischer Kinder aus der „Kulturrevolution" an, die mit Vorschlaghämmern alles „Alte" zertrümmern wollten, in ihrer von Mao angestachelten Vermessenheit auch Grabsteine nicht verschonten.

Es gibt zwei Ausnahmen von der chinesischen Art des Umgangs mit Toten. Einige Ausländer, die sich einst – vielleicht aus uneigennützigen Interessen – für China einsetzen wollten, sind auf dem Ausländer-Friedhof östlich der Hauptstadt zur letzten Ruhe gebettet, wobei gebettet nicht das richtige Wort ist. Sie liegen dort auf einem Areal, das man selbst mit Wohlwollen allenfalls als heruntergekommenen Totenacker bezeichnen kann. Die Grabsteine von dreißig oder vierzig Deutschen, Vietnamesen, Franzosen, Russen sowie Angehörigen afrikanischer und arabischer Nationen verrotten, ja versinken auf einem umzäunten Feld. Fast möchte man meinen, daß sie selbst im Tode nicht das Wohlwollen – das politische? – der Gastgeber haben finden können. Die Grabstätte eines Namenlosen ist mit Ziegelsteinen bedeckt – um Hunde fernzuhalten? Zwei alte Chinesen halten Wache über den Friedhof, sie schreiben die Namen der Besucher auf. Viel zu schreiben haben sie nicht.

Die zweite Ausnahme: der große Premierminister Chinas in diesem Jahrhundert, Tschon En-lai, der am 8. Januar 1976 starb, wußte früh um seinen Tod. Er hat sich verbrennen lassen. Er verfügte, seine Asche möge über das Land, das er liebte, verstreut werden. So ist es geschehen.

Angst um die Kraft

Xi-Xue-Gui – blutsaugender Teufel: so mögen viele Chinesen im geheimen Landsleute titulieren, die ihnen ganz uneigennützig eine Blutspende nahelegen. Denn es ist Not am Manne, China besitzt zuwenig Blutkonserven. Seit dem Jahre 1980 hat die Regierung Pekings allen Organisationen in der Hauptstadt vorgeschrieben, wieviel Blut sie zu liefern haben, nach Alter und Zahl ihrer Belegschaft. Wird dem Plan nicht entsprochen, kann es zu gefährlichen Situationen kommen, wie eine Zeitung berichtet: Das Mitglied eines Pekinger Theaters benötigte für eine Operation eine Transfusion; doch das Pekinger Blutzentrum verweigerte die Lieferung, denn das Theater hatte das Soll nicht erfüllt. Erst die schriftliche Zusicherung des Theaters, innerhalb eines halben Monats die verordnete Menge des besonderen Saftes zu liefern, brachte den Kranken unter das Messer der Chirurgen. Viele Chinesen weigern sich zu spenden, weil sie meinen, durch den Verlust von 200 Kubikzentimetern Lebenssaft einen erklecklichen Teil ihrer Lebenskraft zu verlieren. Gegen diese Auffassung kommen auch großzügige Verlockungen der Betriebe nicht an: etwa hundert Mark für eine Spende – weit höher als ein durchschnittliches Monatsgehalt –, dazu freie Tage oder eine Reise. Vielmehr steigerten diese Vergünstigungen, so sagt eine Spezialistin, noch die Vorstellung der Chinesen, Blut sei unbezahlbar. Auch herrscht Furcht vor Ansteckungsgefahr, da China selbst noch keine Einmal-Spritzen herstellt. Schließlich verschwenden Krankenhäuser wegen veralteter Transfusionsmethoden das knappe Blut. Wer die Wehleidigkeit vieler Chinesen schon bei kleinsten Verletzungen kennt, der weiß: Im Reich der Mitte bedeutet Beschaffung von Blutkonserven Sisyphos-Arbeit.

Schönes Geschenk

Handfeuerwaffen in fliegenden Flugzeugen einzusetzen, ist keine gute Idee. Doch nun hat eine chinesische Firma eine Pistole genau für diesen Zweck entwickelt: Die Mini-Waffe wiegt 380 Gramm, Wasser und Hitze können ihr nichts anhaben, sie hat eine Reichweite von fünfzehn Metern, kann Menschen verletzen, aber nicht Wände oder Fenster der Flugzeug-Kabine durchschlagen. Das jedenfalls behauptet Herr Li, Direktor des Instituts für leichte Waffen. Chinesische Polizisten seien schon damit ausgerüstet, die Waffe solle aber auch auf dem Weltmarkt angeboten werden.

Das Problem: Wie wird sich ein Hijacker, auf den dieses

Pistölchen gerichtet wird, verhalten? Wird er, da er weiß, daß die Kugeln nicht das Flugzeug, aber ihn beschädigen können, seinen schweren Colt resigniert zu Boden werfen, die Dynamitstangen aus seinem Hemd hervorholen und sich freiwillig zurückbegeben in die Gemeinde der friedlichen Zeitgenossen? Oder wird er sogar wegen des aus knapp fünfzehn Meter Entfernung auf ihn gerichteten Laufs die Deckung hinter einer Geisel aufgeben? Ja, woher weiß er überhaupt, daß die Waffe Flugzeugfenster nicht durchschlägt?

Viele Fragen, keine Antworten. Doch müssen die Fragen auch Herrn Li im Kopfe herumgewandert sein. Denn er sieht noch einen anderen Verwendungszweck für die Pistole: Man könne sie ja auch vergolden oder in den Griff Edelsteine und Miniatur-Schnitzereien einarbeiten – so sei sie dann ein schönes Geschenk. Dieser Verwendungszweck erscheint sinnvoller. Denn, seien wir ehrlich, wer hätte nicht schon davon geträumt, eine schmucke Pistole sein eigen zu nennen, um sie als Briefbeschwerer, Salzstangenhalter oder Haselnußknakker immer um sich zu haben?

„Eine mutige und riskante Tat"

Preiserhöhungen für wichtige Lebensmittel in chinesischen Großstädten bereiten Peking Kopfzerbrechen. Denn sie verstärken die Furcht der etwa 200 Millionen Städter vor Inflation. Ein Politiker sagte: „Chinas derzeitige Preisreform ist eine mutige, wiewohl riskante Tat. Aber die Führung des Landes ist zuversichtlich, vernünftige Arbeit zu leisten." Der Mut zeigt sich – wie kaum anders zu erwarten – einstweilen in teilweise drastischen Preissteigerungen. In der Hauptstadt sind die staatlichen Preise für Schweinefleisch, Eier, Zucker und Gemüse bis zu 60 Prozent erhöht worden.

Mit den Erhöhungen soll erreicht werden, daß sich landwirtschaftliche Produzenten und städtische Konsumenten allmählich an die Gesetze der Marktwirtschaft gewöhnen. In China hat die Regierung in der Vergangenheit durch überteuerten Ankauf wichtiger Lebensmittel und durch billige

Weitergabe Bauern und Städter gleichermaßen unterstützt – und damit den Staatshaushalt kräftig belastet. Die Preiserhöhungen sollen wohl auch die Einstellung der Städter verändern, wonach der Staat ein Mindestwohlergehen seiner Bürger ohne deren Zutun zu garantieren hat – umschrieben mit dem Wort „eiserne Reisschüssel".

Die Regierung kann geltend machen, durch die Ausgleichshilfen den Bürgern einen Inflationsausgleich zu gewähren – und entläßt sie damit in einen kleinen Freiraum von Mündigkeit. Denn sie müssen nun selber entscheiden, wie sie die magere Einkommenserhöhung bei ihren Lebensmitteleinkäufen verwenden. Über die Hälfte eines städtischen Haushaltsbudgets wird in den chinesischen Städten für Essen ausgegeben. Die Bürger können nicht mehr darauf vertrauen, daß der Staat für niedrige Preise der beliebtesten Nahrungsmittel sorgt – jedenfalls dann nicht, wenn die Reform erfolgreich sein sollte. Kurzfristiges Nebenprodukt wäre die Veränderung chinesischer Eßgewohnheiten: weniger Konsum bislang subventionierter Lebensmittel, bis sich nach einigen Jahren der Markt nach den Regeln von Nachfrage und Angebot eingependelt hat.

Zweifel jedoch sind angebracht, ob diese begrenzte Preisreform Erfolg haben kann, und zwar aus zwei Gründen. Die chinesische Regierung neigt bei ihrem Kurs der Öffnung, der Einführung kapitalistischer Mechanismen, aus guten Gründen zu großer Vorsicht, bewegt sie sich doch auf unbekanntem Gelände. Selbst wenn sie nicht auf durch eine neue Verteilung des relativen Reichtums entstehende Unruhe innerhalb der Bevölkerung achten müßte, so ist sie doch bei ihrem gewaltigen Experiment, aus einem jahrzehntelang stagnierenden sozialistischen Reich ein nach erprobten westlichen Wirtschaftsmethoden funktionierendes, prosperierendes Entwicklungsland zu schaffen, für geraume Zeit noch auf ein Vorgehen nach den Regeln von Versuch und Irrtum angewiesen. Auf einem gesellschaftlichen Reißbrett lassen sich eben nicht die Reaktionen der viele Jahre lang unter kommunistischer Obhut und Vormundschaft lebenden Menschen vorausberechnen. Und die Regierung tut gut daran, Unmutsbekundungen der Bevölkerung, die in Zeitungen dargestellt und diskutiert werden, ernst zu nehmen. Denn mit der Erhöhung der Preise einiger Nahrungsmittel wird das Selbstverständnis derjenigen Schichten in China berührt, die sich bislang dank kommunistischer Propaganda, Erziehung und Auszeichnungen zur revolutionären Avantgarde auf der Welt zählten: des sogenannten Proletariats der Arbeiter, also der Arbeitnehmer in den großen Industriebetrieben des Landes.

Dies mag anachronistisch erscheinen angesichts der zaghaften marktwirtschaftlichen Übungen in manchen Ländern des Ostblocks. Doch die auf Stolz gegründete Macht chinesischer Arbeiter im vierten oder fünften Lebensjahrzehnt – nicht unbedingt ihrer Vorgesetzten – sollte nicht unterschätzt werden. Sie haben hart gearbeitet, um das Land wirtschaftlich voranzubringen. Sie halten sich zugute, in den chaotischen Jahren der Kulturrevolution unter dem Tyrannen Mao dem Land ein Minimum an Überlebenskraft gesichert zu haben. Sie haben die von Deng Xiao-ping begonnene Reform des Wirtschaftslebens mit Anteilnahme begleitet. Und nun plötzlich müssen sie erkennen, daß der gesamte wirtschaftliche Aufschwung an ihnen vorüberrauscht, daß statt dessen die doch eher verachteten Bauern in der Nähe der Städte reich werden. Und sie sehen Ähnlichkeiten ihrer Sorgen mit denjenigen der Intellektuellen, wiewohl die sich nicht nur für mehr Geld, sondern auch für demokratische Freiheiten einsetzen.

Männer im Alter von fünfzig Jahren eignen sich selbst im heutigen China nicht für gewaltige Demonstrationen. Sie mögen vielmehr resignieren angesichts realer Einkommenseinbußen. Oder sie mögen sich an Zeiten erinnern, da ihnen für besonderen Arbeitseinsatz ein Wimpel überreicht wurde. Damals stimmte noch die Moral, heute aber ist ihnen das Geld knapp. Solange die Regierung die fachlich qualifizierten Arbeiter – auch die vielen Akademiker auf verlorenem Posten und manchen aufgeschlossenen Bürokraten – nicht teilhaben lassen kann am Streben nach Wohlstand, so lange wird es weiterhin schlecht bestellt sein um die Leistungsfähigkeit der chinesischen Wirtschaft. Sie widersetzen sich nicht dem neuen Kurs, aber sie unterstützen ihn auch nicht. Sie mögen den „eisernen Reistopf" als Relikt begreifen, doch mangels besserer Alternativen klammern sie sich an ihn. Lethargie ist das Ergebnis.

Aus gesamtwirtschaftlicher Sicht ist die in China eingeleitete, vorsichtige Preisreform vernünftig. Das Land hat wenig Geld, die Regierung möchte aus der Vergangenheit ausbrechen, der Vergangenheit eines ärmlichen und ungerechten Wohlfahrtsstaates, der alle Bürger unterstützte, solange sie sich nur sozialistisch gebärdeten. Die Umstellung von der Ideologie zur Realität fällt nicht leicht. Vielleicht setzt die Regierung eines Tages den Preis für Fleisch wieder herab, um die erste konfuzianische Bürgerpflicht zu sichern: Ruhe zu bewahren.

Amts-Chinesisch

China möchte seine Zeitungen und Zeitschriften verbessern. Dies sagt Du Dao-zheng, der Generaldirektor des Staatsamtes für Publikationen. Nein, das Amt ist keine Zensurbehörde, wiewohl Herr Du Zensur von Artikeln mit klassifizierten Informationen über Verteidigung oder Hochtechnologie nicht ausschließen möchte. Wer wollte ihm nicht zustimmen, daß Verteidigungspläne oder Hochtechnologie – falls vorhanden – geheim bleiben sollten? Wie aber die chinesischen Publikationen verbessern? Herr Du weiß Rat. Erstens: Zeitungen, Zeitschriften dürfen nur erscheinen, wenn sie dem Aufbau des Sozialismus dienen. Zweitens: Sie müssen von staatlichen Autoritäten genehmigt werden. Drittens: Übergeordnete Autoritäten müssen sie überwachen und so weiter. Herr Du ist nicht arrogant. Er ist zu loben wegen seines Einsatzes für Autoritäten – wiewohl er sie nicht genau benennt. Er ist zu loben für seine Unterstützung des sozialistischen Aufbaus – wiewohl er den Weg dorthin nicht beschreibt. Solches ist schwer, diskutieren doch größere Geister über die Verträglichkeit von Plan- und Marktwirtschaft, über politische Verantwortlichkeit und künstlerische Freiheit in diesem kommunistischen Land. – Herrn Du geht es wohl um folgendes: In China werden Hefte „pornografischen" Inhalts verkauft –

mit „Abbildungen" also oder sogar mit „ungesundem" Gedankengut. Abbildungen aber und Gedankengut werden in China von alters her von den Behörde beäugt, könnten sie doch dem Volk Einsichten gewähren, die den Herrschenden überflüssig erscheinen. – Auf großen Widerspruch wird Herr Du nicht stoßen, aber auch nicht auf Gegenliebe. Die Chinesen haben gelernt, übereifrigen Lehrern zu mißtrauen. Auch haben in der jüngsten Vergangenheit viele von ihnen liberale Verhältnisse im Ausland erfahren können. Warum dann überhaupt die Auslassungen von Herrn Du? Nun, auch in China gibt es Kräfte, die sich weiter am althergebrachten System wärmen möchten, vor Neuerungen Angst haben und vielleicht sogar sogenanntes Gedankengut mit westlicher Demokratie verwechseln.

Kritik am System: unerwünscht

Die chinesische Führung hat immer noch nicht gelernt, behutsam mit Kritik umzugehen, die im Ausland an Mißständen im eigenen Lande geäußert wird. Sie hat noch nicht begriffen, daß eine Demokratie vornehmlich von freier Meinungsäußerung lebt. Peking verbittet sich „Einmischungen" von außen. Das wurde deutlich während der Unruhen in Tibet. Das zeigt sich auch beim Umgang mit Yang Wei.

Yang ist ein junger Mann, der 1983 sein Studium in den Vereinigten Staaten aufnahm. 1985 trat er nach in Peking verbreiteten offiziellen Informationen der „Chinesischen Allianz für Demokratie" bei. Diese Allianz – angeblich von dem chinesischen Studenten Wang 1983 in New York gegründet – soll nach kommunistischer Auffassung daran arbeiten, die „vier Grundprinzipien" der chinesischen Verfassung abzuschaffen. Diese sind: Festhalten am Sozialismus, an der demokratischen Diktatur des Volkes, der Führung durch die Kommunistische Partei, an Marxismus-Leninismus und den Gedanken Mao Tse-tungs. Yang schrieb im Ausland Artikel für die von vielen im Ausland lebenden chinesischen Studenten gelesene Zeitschrift „China Frühling" und griff das sozialistische System an – so die Vorhaltungen im Gericht. Er kehrte im Mai 1986 nach Schanghai zurück und hat nach Angaben der Nachrichtenagentur „Neues China" dann Ende 1986 Informationen über die damaligen Studentenunruhen gesammelt, heimlich Material an die „Allianz" geschickt, am 22. Dezember „reaktionäre Slogans" auf dem Campus der Fudan-Universität in Schanghai angebracht, auch Studenten in anderen Landesteilen Briefe der „Allianz" zur Ausweitung der Unruhen gesendet, schließlich andere dazu aufgefordert, Regierungsdekrete nicht zu beachten. Yang Wei ist deswegen von einem Volksgericht in Schanghai zu Haft verurteilt worden, seine politischen Rechte wurden ihm aberkannt – Strafe wegen „demagogischer Propaganda zu konterrevolutionären Zwecken".

Die chinesischen Kommunisten haben noch nicht gelernt, mit Kritik an ihrem System fertig zu werden. 1987 wurde der Parteichef Hu abgesetzt, der liberalen Reformern des Geistes – nicht nur der Wirtschaft – wohl allzu offene Ohren lieh. Das Ausland reagierte mit Unsicherheit auf diesen die Glaubwürdigkeit eines geordneten Staatssystems in China schädigenden Hinauswurf. Eine Hatz auf Querdenker setzte ein. Sie wurde Monate später gestoppt von vernünftigen Männern, denen wohl einleuchtete, daß Wirtschaft und Politik zusammen gehören, daß ökonomische Verantwortung nicht getrennt werden kann vom Recht auf politische Meinung. Doch die chinesischen Kommunisten, die sich nach 1949 in drei Jahrzehnten aus ideologischen oder persönlichen Gründen gegenseitig heftig bekämpften, sind auch heute noch uneinig über den „Weg", auf dem das Land zu Erfolg geführt werden soll. Sie haben recht, wenn sie sagen, ohne die Partei würde das große Reich zerfallen: Es gibt derzeit keine andere, gut organisierte Macht, die auch noch den letzten Bauern im entlegensten Seitental des Yangtse erreichen, ihm die Bedeutung seines Dienstes an der Gemeinschaft klarmachen könnte. Aber diese Einsicht verführt zu Überheblichkeit. Woran ließe sich die Kommunistische Partei messen? Wer darf andere Möglichkeiten bieten? Niemand.

Die Kommunisten in China haben sich in der Vergangenheit zu lange als Retter der Nation betrachtet – wider alle grauenhafte Realität, mit der die Regierten unter Mao zu leben hatten. Sie haben auf ihrer Seite die über Jahrtausende zurückreichende Tradition Chinas als Beweis dafür, daß die Massen allein von einer starken Zentralgewalt regiert, gezügelt werden können. Doch die Zeiten ändern sich. Das kommunistische China möchte zur Gemeinschaft der Staaten gehören. Es muß sich folglich auch von anderen, in der Demokratie erfahrenen Ländern fragen lassen nach seinem Umgang mit dem in der chinesischen Verfassung festgehaltenen Recht zur freien Meinungsäußerung. Und nach den in demokratischen Staaten üblichen Regeln steckt man einen Yang Wei nicht für zwei Jahre ins Gefängnis, nur weil er seinen Mund aufgemacht hat.

Das Urteil gegen Yang Wei, wiewohl für chinesische Verhältnisse nicht hart – der Dissident Wei Jings-sheng wurde 1979 zu 15 Jahren Haft verurteilt –, ist für die Zukunft des Landes eine Belastung. Viele tausend junge Chinesen studieren im Ausland. Sie sind die Hoffnung für eine Modernisierung der Nation. Sie sollen das Entwicklungsland China zu einem ebenbürtigen Partner für Südkorea und Taiwan machen. Obwohl von Patriotismus beseelt und voller Heimweh, müssen sie doch nach der Rückkehr in die Heimat die in China übliche Kargheit des Lebens, die schneidende Atmosphäre des Neids aufs neue über sich ergehen lassen. Da mag mancher mit dem Gedanken spielen, sich in Amerika oder Westeuropa einzurichten. Aus Hongkong, das bald unter die Oberherrschaft Pekings zurückkehrt, laufen schon Leute mit Spezialkenntnissen und Geld davon – vornehmlich nach Kanada und Australien, wo sie bessere Chancen für die Entfaltung ihrer Fähigkeiten sehen als unter der Aufsicht Pekings.

Das Wichtigste ist zunächst ein Impf-Programm

Jedes Jahr sterben in China mehr als 300000 Kinder unter fünf Jahren an Lungenentzündung – die Krankheit ist in dieser Altersgruppe die häufigste Todesursache. Der Internationale Kinderhilfsfonds der Vereinten Nationen (Unicef) hat es sich unter anderem zur Aufgabe gemacht, diese Zahl zu senken. Unicef arbeitet seit 1980 in der Volksrepublik, heute mit 34 Angestellten in Peking. Etwa die Hälfte von ihnen sind Chinesen. Die meisten der Ausländer sind Wissenschaftler mit Erfahrungen in Gesundheitswesen, Erziehung, Ernährung und kindlicher Entwicklung. Das Programm umfaßt etwa 40 Projekte, für die die UN-Organisation in fünf Jahren etwa 60 Millionen Dollar beisteuert. China steht damit nach Indien und Bangladesh an dritter Stelle bei der finanziellen Unterstützung durch Unicef.

Seit kurzem konzentriert sich der Hilfsfonds vornehmlich auf die Verbesserung von Gesundheit und Ausbildung der Kinder bis zum 14. Lebensjahr in entlegenen Gebieten und in Regionen, in denen Minderheiten wohnen – Volksgruppen also, die nicht der chinesischen Han-Rasse angehören. In China leben 350 Millionen Kinder, etwa ein Viertel von ihnen in Gegenden, in denen Gesundheitsfürsorge und Ausbildungsmöglichkeiten nicht ausreichend sind. Die häufigsten Krankheiten – neben Lungenentzündung – sind Masern, Diphtherie, Wundstarrkrampf, Tuberkulose, Keuchhusten und andere Erkrankungen der Atemwege, außerdem Durchfallerkrankungen, Anämie, Jodmangel, Rachitis und der Befall mit Parasiten, wie zum Beispiel dem Hakenwurm. Schwierigkeiten bereiten zudem eine ungenügende Impf-Vorsorge sowie eine mangelhafte Geburtshilfe.

Das umfangreichste Unicef-Programm in China ist dem Impfen gewidmet. So sollen in allen Provinzen möglichst alle Kinder bis zum Alter von einem Jahr gegen sechs Krankheiten geimpft worden sein. Durch die Impfungen wird ein Immunisierungswall aufgebaut, der möglicherweise auftretende Epidemien eindämmen kann. Der Hilfsfonds unterstützt die Verbesserung der Produktion von Impfstoffen in China, kümmert sich um den Transport in Kühlgeräten und um eine rechtzeitige Verabreichung. Eine schwierige Aufgabe ist die Verbesserung der Situation in Tibet, wo nach Schätzungen der Unicef fast zwanzig Prozent der lebendgeborenen Kinder schon vor ihrem ersten Geburtstag sterben. Die Kindersterblichkeit dort ist fast doppelt so hoch wie der „Durchschnitt" in allen Entwicklungsländern der Erde und um ein Vielfaches höher als in China insgesamt, das seit 1949 diese Zahl erheblich gesenkt hat.

Für Unicef ist der Erfahrungsaustausch mit chinesischen Partnern – mit Ministerien, bei denen die interministerielle Kooperation manches Mal zu wünschen übrigläßt, hauptsächlich aber mit der chinesischen Frauenvereinigung, die in fast jedem Dorf eine Niederlassung hat – von großer Bedeutung, können doch dadurch die Erfolge der verschiedenen Programme überprüft und notwendige Anpassungen in die Wege geleitet werden. Der Fonds organisiert Seminare mit ausländischen Fachleuten in China; er unterstützt auch Chinesen, die sich im Ausland weiterbilden wollen.

Der zweite Aufgabenbereich der Arbeit von Unicef ist die schulische Aus- und Weiterbildung. Nach Angaben der Organisation besuchen fast alle Kinder in China die erste Klasse der Grundschule, aber nur zwei Drittel von ihnen absolvieren die fünfte Klasse; in entlegenen Gebieten ist das Verhältnis wesentlich schlechter. Auch ist das Analphabetentum weit verbreitet: Etwa 150 Millionen Chinesinnen, ungefähr die Hälfte der erwachsenen weiblichen Bevölkerung Chinas, können nicht lesen. Ein Grund für die mangelnde Attraktivität des Unterrichts in chinesischen Schulen, besonders in ländlichen Gebieten, ist die unzureichende Ausbildung der Lehrer, die während der chaotischen Zeit der Kulturrevolution zwar ihr „Diplom", aber kaum Qualifikationen erwarben. Die besseren Lehrer arbeiten in den Städten. Der zweite Grund: In Dörfern lassen Eltern ihre Kinder auf dem Feld arbeiten, damit der Wohlstand der Familie gemehrt werde, zu dem der Staat seit einigen Jahren ermuntert.

Die Regierung möchte nun in Stufen eine obligatorische, neun Jahre umfassende Schulpflicht im ganzen Land durchsetzen. In zwanzig Jahren sollte selbst in den ärmsten Gegenden diese Schulpflicht verwirklicht sein. Doch mancher hält dieses Vorgehen für falsch, da die ärmsten Gegenden sich nicht selbst überlassen werden dürften, sondern vielmehr umgekehrt die vorhandenen Kräfte auf die schwächsten Stellen konzentriert werden müßten.

Unicef stellt Gelder für den Druck von Lehrmaterialien

zur Verfügung, unterstützt auch in zwei Städten Zentren für die Publikation von Schulbüchern in Sprachen der Minoritäten. Die von Unicef bereitgestellten audiovisuellen Geräte werden von den Chinesen noch nicht entsprechend genutzt. In einer Verlautbarung zum vierzigsten Gründungstag von Unicef hob der Fonds in Peking die im Vergleich zu anderen Entwicklungsländern erfolgreichen Anstrengungen Chinas zur Verbesserung des Lebens der 350 Millionen chinesischen Kinder hervor. Doch es wurden auch die großen Mängel erwähnt, unter denen die etwa 80 Millionen Kinder in entlegenen und Minderheitsgebieten zu leiden haben.

Freiheit?

Was ist „bürgerlicher Liberalismus"? Um die Antwort auf diese Frage bemühen sich chinesiche Ideologen immer wieder einmal. Der Begriff wurde, noch bevor man die Antwort gegeben hatte, zum Synonym für die Licht- und Schattenseiten der in China diskutierten Modernisierung von Wirtschaft und Gesellschaft. Die Paralleldebatte in der Sowjetunion blieb dabei bislang, zumindest offiziell, weitgehend unbeachtet. Einige alte Herren im Politbüro von Peking wollen mit dem Schlagwort „Bürgerlicher Liberalismus" zunächst einmal alle möglichen, zum Teil unbequemen Einflüsse abwehren, die mit der Öffnung Chinas nach dem Ausland einhergehen. Vor allem werden damit Intellektuelle gebrandmarkt, die es – in der Sorge um die Zukunft des Landes – wagen, die Rolle der Kommunistischen Partei als Avantgarde anzuzweifeln.

Diese Intellektuellen sind wohl nicht ohne Grund zu der Auffassung gelangt, daß kommunistische Bürokraten – wie ihre konfuzianischen Vorfahren in den vergangenen zwei Jahrtausenden – zäh an ihren Ämtern kleben, Ämtern, die Einfluß und eine Art von Reichtum gewähren. Die konfuzianischen Beamten wollten sich nicht von der Bevölkerung auf die Finger schauen lassen, allenfalls vom Kaiser oder von vorgesetzten Beamten. Allein ein Aufstand des „Volkes" oder Einwirkungen von außen konnten die Mächtigen in der Vergangenheit ängstigen. Und heute?

Das Land ist schwer zu regieren. Jede Provinz, jede Gegend strebt nach Vergünstigungen, die die Zentrale gewähren möge; gewährt sie nicht, wird eigenmächtig zugegriffen, entschieden. Die Chinesen – nicht nur im Süden – neigen zu einem sich hier und da chaotisch gebärdenden, allein auf das Wohl der Familie gerichteten Individualismus. Das Land ist arm, die meisten Menschen sind froh darüber, daß sie genügend zu essen haben, gekleidet sind, auch ein Dach über den Kopf haben – das war auch nach der Machtübernahme durch die Kommunisten 1949 in China noch geraume Zeit unvorstellbar. Doch seit einigen Jahren ist die Begehrlichkeit nach materiellen Gütern gewachsen, nicht nur wegen der „Öffnung" oder wegen der Chinesen, die in anderen Ländern lernen und dort aufgegriffene Vorstellungen zurück in ihre Heimat bringen; nein, die politische Führung hatte ja selbst die Menschen ermuntert, den persönlichen Reichtum nicht mehr wegen ideologischer Fesseln zu verabscheuen. Und die Begehrlichkeit ist natürlich unter denjenigen Bevölkerungsgruppen gewachsen, die als Busfahrer, Ärzte, Arbeiter, Bauern in armen Regionen leben, besonders unter wider ihre Qualifikationen eingesetzten Gebildeten, die immer wieder von Landsleuten hören oder lesen konnten, die ihres eigenen Glückes Schmied wurden.

Die Sinne der Mächtigen für die zentrifugalen Kräfte innerhalb der chinesischen Gesellschaft sind seit zwei Jahrtausenden geschärft worden; die Untertanen sollten durch gutes Beispiel zu einer genehmen Lebensführung erzogen werden – andernfalls wurde hart gestraft. Als vor Jahren schon junge Intellektuelle für Demokratie in ihrem Land demonstrierten und dabei auch die führende Rolle der Kommunistischen Partei in Frage stellten, gewährten einige Leute in der Partei publizistische Unterstützung. Denn auch in der Partei wurde ja über mehr „Transparenz" diskutiert.

Einige wurden danach „gesäubert" oder verloren ihre Ämter. Wichtige Politiker beschwichtigten in Reden, wollten die Bekämpfung des „bürgerlichen Liberalismus" begrenzt sehen auf die Hirne der Parteimitglieder – 44 Millionen von rund einer Milliarde Chinesen. Denn zu frisch sind noch die Wunden der Kulturrevolution, als aus ideologischen Gründen fast die gesamte chinesische Gesellschaft an den Rand des Wahnsinns getrieben wurde.

Der Konfuzianismus forderte Regierung durch gutes Beispiel. Wer in den Augen seiner Genossen dennoch Fehler beging, mußte sich einer „Selbstkritik" unterziehen – und durfte sich dann im besten Fall ungeschoren zurückziehen in die Namenlosigkeit. Im schlimmeren Falle wurde er aus dem Fenster gestürzt; diese Art eines sogenannten Selbstmordes war in China vor noch zwei Jahrzehnten eine gängige Methode, um den Überlebenden postum die Schuld der Kritisierten zu beweisen. Der Umgang mit Andersdenkenden hat sich kaum gewandelt. Schwere und auch weniger schwere Verbrecher werden zum Tode verurteilt – angeblich, um abzuschrecken. Einige politisch engagierte Chinesen – manche von ihnen betreut von der Gefangenen-Hilfsorganisation amnesty international – werden als Konterrevolutionäre zu langen Freiheitsstrafen verurteilt; KP-Mitglieder mit Meinungen, die von derzeit vorherrschender Parteidisziplin nicht gedeckt sind, verlieren ihre Parteibücher. Denn die Regierenden in China leben weiter in dem konfuzianischen Bewußtsein, sie wüßten schon, was das Beste für ihr Volk sei.

„Bürgerlicher Liberalismus" in China: Die dreißig, vierzig Männer in Peking, die tatsächlich die Geschicke dieser großen, alten Nation lenken, mögen es im Angesicht der Forderungen nach mehr Freiheiten mit der Angst zu tun bekommen haben. Sie befürchten wohl, Transparente mit Aufschriften wie „Mehr Demokratie" könnten einen Steppenbrand legen, der auf andere Unzufriedene im Land übergreifen könnte; davon gibt es genug. Im Ausland mag man über derartige Ängstlichkeit lächeln. In China, diesem riesigen Reich, das so groß ist wie Europa und das mit seinen wirtschaftlichen Kräften haushalten muß, das sich über seine Orientierung in der Weltpolitik noch lange nicht im klaren ist, das nicht nur von Bürgern getragen wird, die sich innerhalb ihrer Grenzen ganz selbstverständlich als Chinesen verstehen – in diesem China sind Befürchtungen vor einem Auseinanderstreben der Kräfte und Gruppen ernster zu nehmen als in kleineren Ländern.

Dennoch kann auch China nicht umhin, sich mit „westlichen" Ideen, Erscheinungen und Bildern auseinanderzusetzen, die es bislang ignoriert hat. Hierzu gehört das für unternehmerische Risiken aufgeschlossene europäische Bürgertum. Hierzu gehören liberale politische Ideale – Freiheit zur Diskussion, Kontrolle der Macht, mündige Teilnahme an der Politik. Sie werden in China möglicherweise nie Fuß fassen. Das angeblich Gute, Gesunde vom fortgeschrittenen Ausland will man durchaus lernen, das Schlechte dabei ausklammern. Ist das möglich: mehr Privatinitiative ohne mehr Egoismus? Die Chinesen zögern, können sich angesichts der gewaltigen Rückständigkeit dieses Zögern aber kaum leisten.

UMGANG MIT FREMDEN

Mit gülden zugepfropften Kanonenrohren

Die Musik war ungeheuer und der Regen niederträchtig. Ein „Man of war" schiebt den Huang-Pu hinauf. Polizeiboote jagen auf dem emsigen Fluß all die vielen Kutter, Lastkähne, Fähren zur Seite. Auf dem Ponton stehen Musikanten. Das graue Schiff mit dem Zeichen „A 59" mittschiffs, mit gülden zugepfropften Kanonenrohren, einem Schornstein, fünf, sechs Fenstern – von deutschen Cowboys „Bullaugen" geheißen – wird vom Schlepper zum Anlegeplatz geschoben. Oben stehen auf drei Decks weiße Figuren mit den Händen auf dem Rücken. Ein Mann in Arbeitsmontur brüllt „Wahrschau!", Leinen fliegen vom hohen Schiff auf das Ponton. Die Musikanten spielen gegen Blitz und Donner ihr Spielchen auf, spielen besonders an gegen die Tücke ihrer Instrumente, ziehen dabei den kürzeren. Als das Schulschiff „Deutschland" schließlich festgemacht, die Hühnerleiter ausgelegt ist, verstummt das Posaunieren und Trompeten. Die deutsche Generalkonsulin, Frau Theodor, die von Statur zierliche, nach Ansehen, Duchsetzungsvermögen, Energie und Charme große Dame der Bundesrepublik Deutschland in Schanghai betritt – begleitet vom also vollkommen zu Recht respektgebietenden Pfiff des Bootsmannes – die Planke, Kommandant Köhler begrüßt sie.

Die „Deutschland" in Schanghai, Schwesterstadt von Hamburg: Zum ersten Mal nach einem halben Jahrhundert ist ein deutsches Kriegsschiff wieder zu Besuch in China. Im Jahre 1937, vom 2. bis 9. Februar, lag der Kreuzer „Emden" in Schanghai. Damals war der Kadett Hänert an Bord, er führte Tagebuch, und hat es dem Kapitän Köhler vor der Abreise der „Deutschland" in Kiel vor drei Monaten in die

Hand gedrückt. Hänert ist heute Kapitän zur See außer Diensten. Sicherlich wird der 48 Jahre alte Köhler dem Hänert sein Tagebuch unversehrt zurückbringen; es hat dann noch zweimal den Äquator passiert.

Diejenigen der 450 Männer, die nicht im letzten Hafen, Tokio, zugestiegen sind, haben die Äquatortaufe hinter sich – sie sind froh darüber, nun auch stolz auf ihre von Neptun besiegelten Urkunden und hegen vielleicht schadenfrohe Aussichten auf die nächste Taufe in Kürze, auf dem Weg nach Djakarta. Denn nun müssen wieder manche Offiziersanwärter, die auf dem Schiff ausgebildet werden, vor den gern über das Bordradio verbreiteten Torturen zittern. Nein, der Gegensatz zwischen den Gefreiten der Stamm-Mannschaft, die inmitten heißer Turbinen arbeiten und in beengten Quartieren leben, und den aufrechten Jungs mit dem Offiziersanwärter-Stern auf den Schultern, die eine Laufbahn anpeilen und dabei auf ihre Bügelfalten achten können, ist nicht größer als zwischen Lehrlingen und Meistern anderswo. Nur weiß hier eine Weile lang niemand allzu genau, wer Lehrling oder Meister ist; Dies wird im Laufe der Zeit erst durch Rangabzeichen entschieden. Und davor liegt eben der kurze süße Augenblick der Äquatortaufe: Dem zukünftigen Vorgesetzten mal richtig die Visage vollschmieren mit zerlaufenem alten Käse, ihm das Maul stopfen mit intakten, wiewohl toten Fischen, ihn ein, zwei Stunden in den Pranger zwingen – alles unter Kameraden, versteht sich. Daß hierbei besonders die Wehrpflichtigen kurz vor dem Ende ihrer Dienstzeit zu Wort und Tat drängen, wer wollte sich darüber wundern.

Die „Deutschland" in Schanghai: Irgend jemand hat die Jungs dazu verdonnert, spätestens um Mitternacht wieder auf dem Schiff zu sein. Wer das genau war, weiß keiner. Die Chinesen waren es nicht. Von Bord kam es wohl auch nicht. Also käme nur noch Bonn oder die deutsche Botschaft in Peking in Frage. Ob die es waren? Keiner weiß es, keiner versteht die Regelung. „Ok., fuffzig Jahre keine deutschen Matrosen mehr, da könnte man ja erst mal was denken", sagt einer. Doch auch den jungen Männern der „Deutschland" ist schnell klar, daß es hier in Schanghai „in der Hinsicht" nichts zu holen gibt. Also kaufen sie ein, hauptsächlich Kork-

Schnitzereien mit Tempeln und Kranichen und Kiefern – die sind leicht und billig, schwimmen gut, sehen ostasiatisch aus. Die Mutter wird das schön finden. Wo gibt es hier richtige Seide? („Ich meine, wo man nicht beschissen wird, nicht Nylon"), auch für die Mutter. Den wohlwollenden Betrachter überkommt das Gefühl, daß hier Söhne und junge Ehemänner auf einem Schiff arbeiten, denen die Heimkehr, davor die stickige Gemeinschaft an Bord wichtiger sind als das „große Abenteuer" in rot beleuchteten Distrikten – wiewohl sich der eine oder andere gerne mit Hosenmatz-Geschichten und Spritzen der beiden Bordärzte gegen Geschlechtskrankheiten brüstet.

Sie waren schon auf den Philippinen, in Japan, Korea und sind beeindruckt von der Freundlichkeit, die Deutschen in Ostasien entgegenschlägt: „Das ist ganz anders als in Dänemark." Und mancher ist stolz auf die Erfahrung, jetzt ein wenig zwischen all den Völkern in dieser Gegend unterscheiden zu können: „Koreaner ist nämlich nicht gleich Japaner." Aktuelle Nachrichten aus Deutschland gibt es an Bord aus Agenturmeldungen, die auf der „Deutschland" empfangen und an Mitteilungsbrettern auf den Decks ausgehängt werden; bei wichtigen Angelegenheiten kann man vom Schiff aus nach Deutschland telefonieren. – Der Kommandant der „Deutschland", Kapitän zur See Köhler, war vor Übernahme des Postens drei Jahre als Militärattaché in Lissabon tätig. Er ist leidenschaftlicher Reiter. Er wirkt nicht wie ein Seebär, eher wie ein Diplomat. Seine Erfahrungen als Attaché, Reiter und Kapitän befähigen ihn dazu, in fremden Häfen deutsche Elite zu verkörpern. Seine Worte beeindrucken die chinesischen Gesprächspartner, die in ihren Entgegnungen selbstredend auch wieder die Vertiefung der Freundschaft zwischen China und der Bundesrepublik Deutschland gutheißen.

Auf der Marinebasis Wusong an der Mündung des Yangtse Besuch der chinesischen Fregatte „512", mit gutbürgerlichem Namen „Wuxi" geheißen: sie hatte die „Deutschland" tags zuvor mit Salut begrüßt und dann nach Schanghai geleitet. Ihr Kommandant ist ein 37 Jahre alter Kapitän – er führt seit sieben Jahren schon das Schiff –, der mit seinen knappen Gesten, seiner natürlichen Höflichkeit, seinem unaufdringlichen Selbstbewußtsein die jüngere Generation chinesischer Marineoffiziere repräsentiert: Nicht quatschen – machen. „512" ist sicherlich nicht das modernste Schiff der chinesischen Marine, die sich hauptsächlich dem Küstenschutz zu widmen hat. Ihre Ausrüstung entspricht dem Standard der deutschen fünfziger Jahre. Befehle werden noch durch Sprachrohre gebrüllt. Es mangelt an Sicherheitsvorkehrungen, der Boden ist glatt, auf dem Deck sind Ösen angebracht, über welche die Soldaten stolpern können, manche Türen schließen nicht richtig. Navigations- und Feuerleitsysteme sind veraltet. Dagegen erscheint die 138 Meter lange Deutschland, Stapellauf im Jahre 1960, modern. Doch welcher Chinese möchte schon einen gerade neugewonnenen Freund aus dem hochtechnologischen Zeitalter mit raffiniertem Schnickschnack beeindrucken? Selbst Understatement kann Vertrautheit, Vorteile schaffen, und rechtschaffen schlitzohrige Segler wissen das.

Zwei Monate Probezeit

Was lockt einen jungen Chinesen nach Zwolle? Die Renaissance-Bauten dieser Stadt in Overijsel? Nein, etwas Verheißungsvolleres. Der 18 Jahre alte Xie Yu-xin hat sich von Kanton auf den Weg nach Holland begeben, um im PEC Zwolle Fußball zu spielen. Dazu gehört Mut, aus drei Gründen. In Südchina herrschen derzeit Temperaturen, die in Westeuropa allenfalls im Frühsommer Fußballspieler-Waden erwärmen; Xie spricht außer Chinesisch nur ein wenig Englisch, das nach eigenem Geständnis aber noch nicht einmal ausreicht, um während der Halbzeit die Ermunterungen des Trainers zu verstehen. Schließlich: Der junge Mann stammt aus einem Land, das zumindest auf dem Feld des zu-qiu – zu für „Fuß" und qiu für „Ball" – den Entwicklungsländern zuzurechnen ist.

Darüber täuschen auch nicht die Übertragungen sämtlicher Spiele der letzten Fußballweltmeisterschaft hier im chinesischen Fernsehen hinweg, die immer wieder gezeigt werden. Wegen mangelnder Kickerei auf Straßen greifen die verborgenen Fußballtalente derzeit noch immer nach Feder-, Volley-,Tischtennisbällen. Doch der junge Xie ist nicht ausgezogen, um in Zwolle das Fürchten zu lernen. Er ist selbstbewußt. Dies steht ihm gut an, ist er doch der erste chinesische Fußballspieler, dem vom sozialistischen Staat die Möglichkeit gegeben wird, im Ausland eine Karriere aufzubauen – wenn die Probezeit auch nur zwei Monate umfaßt. Danach müßen sich, bei fortgesetztem holländischen Interesse, alle Beteiligten auf einen Vertrag nach FIFA-Regeln einigen.

Zwolle hatte ein Auge auf den Chinesen geworfen und in einem Brief mitgeteilt, der Klub sei von den Fähigkeiten und dem Stil der Nummer Sieben angetan; es wäre von großer Hilfe, könnte er für PEC Zwolle spielen. Vor seiner Abreise sagte Xie chinesischen Kollegen, er fürchte sich nicht vor ausländischen Spielern; „ich bin ein harter Brocken, fragen Sie meinen Trainer". Er könne es auch ertragen, wenn er in Zwolle zuerst auf der Ersatzbank sitze, denn das Wichtigste sei, von anderen zu lernen und die eigenen Fähigkeiten zu verbessern.

Dies ist wohl der wesentliche Grund, weshalb ihn China vorerst ziehen ließ. Das Land hat den Wert internationaler Konkurrenzfähigkeit nun auch im Fußball begriffen; es benötigt international erfahrene Spieler, Trainer, Schiedsrichter, auch halbwegs bespielbare Rasenfelder. An denen fehlt es – nicht am Einsatz der jungen Männer. Meist jagen die Feldspieler rugbyartig dem einen Ball hinterher, auch wenn er schon im Aus ist. Denn die Zuschauer, allen voran das chinesische Volk, der Trainer, die Familienangehörigen, die Lehrer sollen von der Opferbereitschaft eines jeden Akteurs überzeugt werden. Moralisch ist im chinesischen Fußball immer noch derjenige Sieger, der wegen Erschöpfung vom Platz getragen werden muß. Da bleibt wenig Raum für ein Spiel ohne Ball oder für ehrabschneiderische Finten wie eine Abseitsfalle. Die lernbegierigen Fußball-Eleven Chinas müssen ihr halbstarkes Ungestüm durch Berührung mit den in einigen Ländern gepflegten eleganteren Formen des Spiels umsetzen lernen in einen kraftvollen, intelligenten Fußball. Xie Yu-xin könnte den Anfang machen.

Die Neugierde auf die Welt draußen

Die Auflage ist im vergangenen Jahrzehnt erheblich gesunken, von etwa acht Millionen Exemplaren auf heute vier Millionen. Das ist nicht verwunderlich. Die Konkurrenz ist aufgewacht, besser gesagt: durfte aufwachen. „Tsankao Hsiaohsi" – zu deutsch „Hintergrund-Nachrichten" – war lange Zeit eine der begehrtesten Tageszeitungen in der Volksrepublik China. Die „Nachrichten", die siebenmal in der Woche erscheinen, wurden im Januar 1957 gegründet, zu einer Zeit, als unter Mao Tse-tung schon einmal eine Öffnung Chinas gewagt wurde, unter der Parole „Laßt hundert Blumen blühen". Wegen heftiger Kritik vieler Intellektueller an der Kommunistischen Partei allerdings wurden die Blumen rasch wieder niedergetrampelt. Die „Nachrichten" aber setzten ihr Erscheinen ununterbrochen bis heute fort, wie uns Herr Ting Yang-yan, in der Nachrichtenagentur „Neues China", Direktor der Abteilung für auswärtige Angelegenheiten, sagt. „Die Nachrichten" waren gedacht als Impfstoff für die Funktionäre der Volksrepublik, die bei der Öffnung natürlich auch mit ausländischem Gedankengut hätten in Berührung kommen können. Denn „Tsankao Hsiaohsi" druckt auf vier halben Zeitungsseiten fast ausschließlich Berichte aus dem westlichen Ausland – Europa, den Vereinigten Staaten, Japan – über China, über internationale Begebenheiten. Derart mit Westlichem geimpft, sollten die Kader ihre sozialistische Gesinnung stärken können. Die Anfangsauflage betrug einige hunderttausend Exemplare. Für die vielen Millionen anderen Chinesen war der Impfstoff nicht nötig, kamen sie doch gar nicht in Versuchung, sich mit ausländischen Bazillen zu infizieren.

Die Korrespondenten der etwa einhundert Büros der Nachrichtenagentur „Neues China" im Ausland sichten täglich das Material, das in den Publikationen ihrer Gastländer gedruckt wird. Ihnen wichtig erscheinende Artikel schicken sie per Telex an die Heimatredaktion hier in Peking nahe dem „Vorderen Tor". Hier wird dann aus 26 Sprachen ins Chinesische übersetzt, ausgewählt. Schließlich werden die „Nachrichten" gedruckt – in den Städten Schenjang, Tschangtschun im Nordosten, in Schanghai und Kanton an der Küste, in Hsi-An und Tschungtsching im Landesinnern, natürlich aber zuerst in der Hauptstadt, von wo die Ausgabe über Bild-Telex in die anderen Städte geschickt wird. Etwa ein Zehntel der Abonnenten ist in Peking ansässig. Preis pro Monat: acht Mao, etwa vierzig Pfennig. Die vor den Nachrichten auflagenstärkste Zeitung Chinas, die „Volkszeitung", kostet das Doppelte.

Woher rührte das große Interesse an den „Nachrichten", welche Ursachen gibt es für ihre schwindende Auflage? Die „Nachrichten" umweht der Schleier des Geheimnisvollen: Die Zeitung wird nicht öffentlich verkauft, sie ist nur über Abonnements zu beziehen. Dieses muß bei der jeweiligen „Einheit" – dem staatlichen Ersatz für eine Großfamilie – beantragt werden. Grundsätzlich ist jeder Chinese dazu berechtigt. Ausländer dürfen sie nicht beziehen – das ist logisch und unlogisch; logisch, weil diese ja den ausländischen Bazillus naturgemäß in sich tragen; unlogisch weil ihnen die Nachrichten in den „Nachrichten" ja durch andere ausländische Publikationen vertraut sind. Der wichtigste Grund für die – verblassende – Beliebtheit dieser Zeitung ist aber zweifellos die Attraktion, interessanten Lesestoff zu erhalten. Denn bis zum Ende der siebziger Jahre waren die „normalen" Zeitungen kaum mehr als ein Abklatsch des offiziellen Parteiorgans, der „Volkszeitung", deren Lektüre damals besonders denjenigen faszinierte, der sich an der ihm geläufigen Fülle chinesischer Schriftzeichen berauschen mochte. Die „Nachrichten" – wie auch immer ediert – lieferten aufklärende Beiträge, die in Ministerien, Werkhallen, in Universitäten, in Kreisstädten gelesen wurden.

Heute drucken die „Nachrichten" weiterhin ausländische Berichte – Meldungen, Kommentare, positive und weniger positive ohne eigene Belehrung. Spekulationen über den Gesundheitszustand mancher Persönlichkeiten werden nicht nachgedruckt. Die „Nachrichten" bleiben interessant zu lesen, dennoch verlieren sie an Auflage. Die Gründe: Seit dem Aufruf nach größerer Wahrhaftigkeit in der Politik, befaßt sich auch die bislang bleiernen Publikationen mehr mit der

Wirklichkeit, brachten die Fernsehsender mehr Bilder aus dem Ausland, konnten auch solche Druckerzeugnisse existieren, die sich den sensationellen Niederungen des menschlichen Lebens widmen. Mit einem Wort: Einige Jahre lang hatte sich die publizistische Vielfalt in der Volksrepublik China enorm erweitert – natürlich unter der Führung der einen Kommunistischen Partei.

Diese Entwicklungen schadeten „Tsankao Hsiaohsi", die über Jahrzehnte hinweg interessierten Chinesen ein kleines Fenster offengehalten hat für einen Blick ins bourgeoise Ausland. Sicherlich wurde der Blick einmal hierhin, einmal dorthin gelenkt. Doch die Aufgabe blieb: den Intellektuellen in China ein klein wenig Weltläufigkeit zu bewahren, zu gewähren. Das ist ihr gelungen. Ein Schwanengesang wäre verfrüht. Denn China wird noch lange Bedarf an diesem „Impfstoff" haben.

Jahre der Milde bedeuten noch nicht Toleranz

Zwischen den beiden Türmen steht der Erzengel Michael und stößt die Lanze nieder gegen die Mächte der Finsternis. An die Außenwände sind die lateinischen Buchstaben „AM" für Ave Maria und „JS" für Jesus gemalt. Vor dem Hauptportal arbeiten Steinmetze an Löwenfiguren, die die zwei Pavillons zieren. Bis Weihnachten soll die „Bei-Tang" – die nördliche Kirche – renoviert sein. Viel Arbeit ist noch zu leisten von den etwa 100 Arbeitern. Noch fehlen die geplanten drei Altäre, bunte Glasfenster müsssen aus Schanghai geliefert, die Bänke für 1300 Kirchenbesucher eingebaut werden. Die Orgel, einst eine der mächtigsten in Ostasien, kann nicht ersetzt werden, sie wurde von Mao Tse-tungs Rotgardisten zerstört. Eine kleine elektrische Orgel wird forthin die Gesänge der Katholiken begleiten, hier in der „Kirche unseres Erlösers" im Herzen der Stadt Peking.

Eine Heizung kann in diesem Jahr in dem riesigen Gotteshaus noch nicht installiert werden , Geld und Zeit sind knapp.

Sie soll später eingebaut werden, dann sollen auch die Sakristei, mehrere andere Altäre errichtet und das Land um die Kirche bepflanzt werden.

Fast zwei Millionen Mark kostet die Renovierung. Die Hälfte steuert die Stadt bei, für den Rest kommt die Kirche auf. In der Hauptstadt betreut sie etwa 30000 Gläubige, die spenden; die katholische Kirche verdient Geld durch Vermietung von Häusern, durch Bankguthaben. Das Gotteshaus drohte zusammenzubrechen, als die Wiederaufbauarbeiten begonnen wurden. 1958 wurde die im Jahre 1887 während der letzten Jahrzehnte der Tsching-Dynastie erbaute Kirche geschlossen, später, während der „Kulturrevolution" teilweise zerstört. Bei dem Erdbeben von 1976 erlitt sie weitere Schäden. Sie war einige Jahre lang „Mehrzweckhalle" für eine Elektrofabrik und die Mittelschule Nummer 39. Auf dem Dach wuchsen 80 Bäume, Wasser war in die faulenden Deckenbalken gedrungen.

Diese Kirche ist ein Symbol für die Überlebenskraft des christlichen Glaubens in China. Sie hatte schon einem Anschlag der fremdenfeindlichen „Boxer"-Aufständischen zur Jahrhundertwende widerstanden – die „Boxer" bekämpften damals auch die verschiedenen imperialistischen Mächte, die sich Stücke aus China herausbrechen wollten, sowie deren Vorboten – christliche Missionare. Da sie auf das geschützte Kirchengelände nicht vordringen konnten, gruben sie einen Stollen, schafften an dessen Ende, das nach ihrer Berechnung unter der Kathedrale liegen sollte, eine Menge Sprengstoff und zündeten ihn: nördlich der Kirche flogen einige Gebäude in die Luft – die Aufständischen hatten danebengegraben.

Nein, das Christentum ist in China nicht eine „große" Religion, dazu zählen heute noch weiterhin Buddhismus, Taoismus, Islam, mancherlei Volksreligionen, auch der nach Regionen gefärbte tiefe Aberglaube vieler Bauern. Der christliche Glaube existiert in einer Zwischenwelt, geprägt von chinesischen Intellektuellen auf der Suche nach Weisheiten, auch wissenschaftlichen, aus dem Ausland, und der Furcht, sich selbst und dem Staate wegen fremder Einflüsse nicht mehr treu bleiben zu können.

Wovon diese urchinesische Moral gespeist wird? Das ist

schwer zu begründen, oberflächlich nur zu beantworten. Sie ist gespeist von der Angst, „aufzufallen", anders zu sein, von dem Bedürfnis, mit den ja manches Mal horchenden und plaudernden Nachbarn in Einklang zu leben, von der Furcht vor unwägbaren Entscheidungen der Kaiser, der Partei. Es ist eine pragmatische Moral, die das Überleben auf Erden sichern soll, Nischen aber auch ausfindig macht für eine bessere Gerechtigkeit nach dem Tode.

Dieser Pragmatismus steht im Widerspruch zu der Haltung vieler chinesischer Christen, die sich ja – wie übrigens in Japan auch – zu ihrem Glauben auch dann noch bekannten, als ihnen dadurch Unbill, Verfolgung, Tod drohten. Es ist dieses Beharren am Glauben, das ihren nichtchristlichen Landsleuten – neben der Unterstellung, sich den Zeitläufen nicht anpassen zu können – auch Respekt abnötigte, da sie an einem einmal gefaßten Glaubensbekenntnis nicht rütteln ließen. Solches ist ganz und gar nicht recht chinesisch.

Die „Kirche unseres Erlösers" hat die Launenhaftigkeit chinesischer Herrscher durchlebt. Sie wurde 1703 innerhalb kaiserlicher Mauern gebaut. Der Kaiser Kang-hsi zeigte einem katholischen Missionar damit seine Dankbarkeit für die Heilung von einer Krankheit. Mehr als hundert Jahre später verschwand sie auf kaiserlichen Befehl, wieder drei Jahrzehnte später wurde sie dortselbst von neuem aufgebaut, 1887 dann verpflanzt dorthin, wo sie heute noch steht.

Derartige Unberechenbarkeit prägt heute noch das Verhältnis zwischen katholischer Kirche und Staat in China. Sicherlich ist seit einigen Jahren erkennbar, daß die Kommunistische Partei Chinas den religiösen Chinesen größere Freiräume gewährt. Einstmals zerstörte Tempel, Klöster, Kirchen werden wieder hergerichtet, der Staat stellt dafür Geld zur Verfügung. Priesterseminare können wieder Nachwuchs ausbilden, die Hälfte der 112 Diözesen Chinas hat schon wieder einen Bischof. Sicherlich entkrampft sich das Verhältnis zwischen Peking und dem Vatikan, wiewohl der Vatikan noch diplomatische Beziehungen zu der Insel Taiwan aufrechterhält, wiewohl Rom die vom Vatikan unabhängige, von Peking sanktionierte „Vereinigung chinesischer katholischer Patrioten", die eigene Priester und Bischöfe einsetzt, nicht anerkennt. Der Papst lobte den Willen der chinesischen Christen, sich für das Gemeinwohl ihres Volkes einzusetzen. Chinesische Behörden hatten kurz zuvor den 84 Jahre alten römisch-katholischen Bischof von Schanghai, Ignazius Kung, nach dreißig Jahren Haft aus dem Gefängnis entlassen. Kung hatte sich damals gegen die Trennung der chinesischen Katholiken von Rom eingesetzt, sich auch gegen die Teilnahme chinesischer Christen am Korea-Krieg ausgesprochen und außerdem aus seiner Abneigung gegen den Kommunismus keinen Hehl gemacht.

Schwer berechenbar bleibt der chinesische Staat für die Gläubigen, besonders die „ausländischen": Einige Jahre der Milde verheißen wegen der jahrhundertelangen Erfahrung noch nicht fortwährende Toleranz den Christen gegenüber – dies hat weniger mit Kommunismus, vielmehr mit Phobie zu tun. Die Herrschenden in China müssen sich erst an die Welt ringsherum herantasten, deren Mittelpunkt sie bis vor kurzem einzunehmen glaubten – der Name „Tschung-kuo", Reich der Mitte, zeigt das. In der Verfassung von 1982 steht im Artikel 36 über die gewährte Glaubensfreiheit der Satz: „Die religiösen Organisationen und Angelegenheiten dürfen von keiner ausländischen Kraft beherrscht werden."

In diesem Spannungsfeld leben die katholischen Priester Chinas. Sie können jetzt wieder die Beichte abnehmen, taufen – seit 1979 jährlich etwa dreihundertmal in der Hauptstadt, die Kommunion erteilen, eine katholische Abendschule hat die Arbeit aufgenommen, selbst an ein Krankenhaus ist gedacht. Sie wollen missionieren im Land: Drei Millionen Chinesen nur sind Katholiken in einem Volk von über einer Milliarde. Bei Gesprächen mit Katholiken werden immer wieder die Unabhängigkeit der Kirche beschworen, auch Vaterlandsliebe und Gesetzestreue. Die Macht sei der Regierung von Gott gegeben, sagte Laurence Shi Yu-kun, Oberhirte der „Kirche der unbefleckten Empfängnis", also müßte man auch der Regierung gehorchen. Diese Kirche im Südwesten der Hauptstadt ist die älteste Pekings. Sie wurde 1650 gegründet, vierzig Jahre nach dem Wirken des Jesuiten Matteo Ricci, der das Christentum in China hoffähig machte. Katholiken und Nichtkatholiken, so der Priester, seien sich einig darin, ihr Land nach besten Kräften aufzubauen. Hundert Jahre lang sei das chinesische Volk vom Ausland unterdrückt worden, auch die Katholiken in China von ausländischen Katholiken. Heute nun könnten sie ihren eigenen Weg gehen, wollten nicht mehr abhängig sein. Grundsätzlich habe sich die Politik des Vatikans gegenüber der Volksrepublik nicht geändert, wenn auch in Rom nun besser über das neue China gesprochen werde. Der Vatikan habe in der Vergangenheit chinesische Priester und Bischöfe heimlich geweiht; dies sei geschehen, um den Katholizismus in China zu entzweien. Vor einigen Jahren noch habe der Papst darum ersucht, für die chinesischen Katholiken zu beten, weil sie unter ihrer Regierung litten. Derartiges sei für die Katholiken in China nicht akzeptabel, da sie hier kein schlechtes Leben führten. Angesprochen auf die Todesstrafe, die in seinem Land verhängt wird, sagt Vater Laurence, der christliche Glaube gebiete, einen Menschen nicht zu töten. Aber die Regierung habe das Recht, Schwerverbrecher zum Tode zu verurteilen.

Die klare nördliche Wintersonne scheint auf den Erzengel Michael, auf die gotisch anmuten sollende „Kirche unseres Erlösers", auf die beiden Pavillons mit ihren Steinlöwen. Dieses Ensemble ist architektonisch ungewöhnlich, viele Väter hat der Geschmack. Es ist Ausdruck des Strebens der „Vereinigung chinesischer katholischer Patrioten" nach Loyalität. Festigung der Treue braucht Zeit.

Partnerschaft und Mißtrauen

Die Japaner machen sich Sorgen über ihre chinesischen Handelspartner. Devisenmangel zwingt die Chinesen, Verträge mit japanischen Unternehmen zu revidieren. Zahlungseingänge verzögern sich. Manch ein Lieferant sieht sich zu Preisnachlässen gezwungen. Dennoch: die stetige wirtschaftliche Annäherung zwischen der Volksrepublik China und ihrem bedeutsamsten Nachbarn in Ostasien – Japan – hat für die Zukunft der Region größeres Gewicht als etwa eine Fortsetzung der Entspannung zwischen Peking und Moskau.

Beide Länder ergänzen sich auf ideale Weise. China besitzt enorme Ressourcen an Bodenschätzen – nicht nur an Kohle, sondern auch an einer kaum absehbaren Fülle von Mineralien, die fast alle für die Produktion in fortgeschrittenen Volkswirtschaften von Bedeutung sind. China hat ein fast unerschöpfliches Potential an Arbeitskräften, die bei angemessener Bezahlung und Motivierung und nach fachgemäßer Ausbildung durchaus in die Lage kommen werden, international wettbewerbsfähige Produkte in großer Vielfalt herzustellen. China wird in Zukunft für die eiligeren japanischen Touristen, denen an schnellen Einblicken in die exotischen Aspekte anderer Länder gelegen ist, attraktiver werden – aber auch für betuchte Japaner, die auf exklusiven Golfanlagen in China den Schläger schwingen möchten und sich dabei ihren in Japan gepflegten Gewohnheiten entsprechend über Geschäftsabschlüsse unterhalten.

Japan bietet dem Entwicklungsland China auf der Hand liegende Möglichkeiten, sich auf das technische und wirtschaftliche Niveau der Industrieländer zuzubewegen. Japan benötigt Rohstoffe, die mit eigenem technischem Wissen aus der chinesischen Erde zutage gefördert werden. Dafür müßten die chinesischen Produktionsmethoden modernisiert werden, und zwar zum Vorteil beider Länder. Die Japaner haben große Erfahrung bei dem Aufbau eines leistungsfähigen Transportsystems in einem Land mit widrigen natürlichen Verhältnissen. Japan besitzt genügend Geld, um großangelegte, langfristige Projekte in China mit günstigen Krediten zu fördern. Die Japaner beherrschen das Management großer Unternehmen, auch den Verkauf ihrer – oder eines Tages dann in Kooperation mit China hergestellter – Produkte auf dem Weltmarkt.

Beiden Ländern gleichermaßen kommt die geographische Nähe zugute, die – um nur ein Beispiel zu nennen – etwa die Zeit für die Lieferung von Ersatzteilen geringhält. Wichtiger aber noch könnte die „Nähe" werden, die sich durch den gemeinsamen kulturellen Hintergrund bestimmt, der das japanische mit dem chinesischen Volk verbindet. Denn China, das Reich der Mitte, ist nicht nur in Klischees immer noch die kulturelle Mutter Japans. Viele Japaner im dritten oder vierten Lebensjahrzehnt, die sich in ihrer Jugend nach Amerika oder Europa hingezogen fühlten, sehen ihren Betätigungskreis nun wieder in Asien. Sie kehren heim in ihren Kulturkreis. Viele Japaner leiten ihre Kinder an, Chinesisch zu lernen, in China zu studieren, zu arbeiten. Die junge Generation kann sich dabei auch auf Erfahrungen ihrer Großeltern stützen, die ja einst recht viele Kenntnisse über China sammelten. Häufig sind es die Erfahrungen des Krieges. Aber sie werden heute umgesetzt mit friedlicheren Perspektiven.

In dieser jungen Generation mag der Wunsch entstehen, zum gegenseitigen Nutzen ein wenig die Scharten auszuwetzen, die ältere Japaner in China hinterlassen haben. Doch der gemeinsame kulturelle Nährboden bringt auch andere Pflanzen hervor. Viele Japaner und Chinesen sind davon überzeugt, daß Asiaten dann, wenn sie zusammenarbeiten, den „Herren" der vergangenen zwei oder drei Jahrhunderte die Stirn bieten – und so das Monopol des Westens auf technische Vorherrschaft brechen können.

Japan hat es auf einigen Gebieten vorexerziert, China möchte bei dieser nichtaggressiven Art der Beeinflussung des Weltgeschehens eines Tages folgen. Auch ist beiden Gesellschaften immer noch ein Festhalten am Clan eigen, das zwar der Entfaltung des Einzelnen hinderlich ist, aber dem individuellen „europäischen" Erfindungsreichtum das Beharrungsvermögen und den Zwang zur Solidarität in einer Großfamilie entgegensetzen kann.

Schließlich ist die Art des Umganges zwischen Geschäftsleuten in Japan und in China weitaus ähnlicher, als man dies wegen der unterschiedlichen wirtschaftlichen und gesellschaftlichen Entwicklung annehmen möchte. In beiden Ländern wird vor Abschlüssen viel länger gehandelt, werden Stärken und Schwächen des Gegenübers gründlicher abgetastet als etwa in Europa oder Nordamerika. Auch nach Abschluß eines Vertrages ist es durchaus zulässig, Mittel zu ersinnen, um die eigenen Vorteile weiter zu mehren. Diese Ähnlichkeit bei Verhandlung und Durchsetzung von Übereinkünften erleichtert den Dialog zwischen chinesischen und japanischen Managern, die langwierige und kostspielige Gespräche gewohnt sind, einschließlich nachträglicher „Interpretations"-Versuche. So etwas gilt in beiden Ländern unter Vertragspartnern nicht als unfein; niemand würde deswegen eine Schiedsstelle anrufen.

Natürlich bestehen auch Schwierigkeiten zwischen den beiden ostasiatischen Mächten. Eine möglicherweise vorübergehende Unstimmigkeit ist das enorme Defizit, das China im Handel mit Japan aufgebaut hat. China beklagt sich über die Zurückhaltung der Japaner beim Transfer von Kapital und technisch fortschrittlichen Geräten. Japanische Investitionen machen nur etwa ein Zehntel aller ausländischen Investitionen in China aus.

Die Japaner antworten mit Hinweisen auf ein ungünstiges Investitionsklima, auf mangelnde Leistungsfähigkeit chinesischer Arbeitskräfte. Hinter solchen alltäglichen Problemen sind andere Unwägbarkeiten für den gegenseitigen Umgang versteckt. Beide Seiten hegen Überlegenheitsgefühle – die Japaner, weil sie China als wirtschaftlicher Macht voraus sind; die Chinesen, weil sie sich als Ursprung japanischer Kultur verstehen und weil sie sich im weltpolitischen Geschehen für gewichtiger halten als Japan. Und ein Problem ist noch nicht bewältigt: die jüngere Vergangenheit. Denn Japan hat sich anders mit seiner Vergangenheit auseinandergesetzt als etwa Deutschland. Wenige Schulbücher, wenige Väter haben den Kindern erzählt, wie japanische Soldaten vor einem halben Jahrhundert das chinesische Volk quälten, nachdem das koreanische schon Jahrzehnte vorher von Japan kolonisiert worden war. Bis heute sträuben sich manche japanische Lehrer, ihren Schülern die Folgen japanischen Großmachtstrebens vor Augen zu führen. Japan fühlte sich stark genug, China zu überrennen. Am 7. Juli 1937 gerieten japanische Soldaten an der Marco-Polo-Brücke südwestlich von Peking in eine Schießerei mit chinesischen Soldaten, die den Japanern Vorwand war für ihr weiteres Vorrücken in das chinesische Kernland.

Japan hat den pazifischen Krieg gegen Amerika verloren. Aber China hat den Krieg gegen Japan nicht gewonnen, wie sehr auch nationalistische oder kommunistische Kommentare das Gegenteil beweisen wollen. Der Tenno wurde von den Amerikanern, auch mit den beiden Atombomben über

Hiroshima und Nagasaki, am 14. August 1945 zur Kapitulation gezwungen. Die Japaner wandten sich rasch den amerikanischen Siegern zu, lernten Demokratie, ließen ihre chinesischen Feinde hinter sich, die sich noch vier Jahre lang im Bürgerkrieg zerfleischten.

Fünfzig Jahre nach dem Zwischenfall an der Marco-Polo-Brücke, über vier Jahrzehnte nach dem Kriegsende, 15 Jahre nach der Aufnahme diplomatischer Beziehungen zwischen Peking und Tokio sollte eigentlich das Verhältnis zwischen den ehemaligen Feinden entspannt sein. Aber so ist es nicht. In China herrschen immer noch alte Männer, die japanische Demütigungen und Kriegsverbrechen nicht vergessen wollen. Sie verfolgen Diskussionen in Japan über den Inhalt von Geschichtsbüchern mit viel größerem Interesse als etwa Polen die Lehrpläne in deutschen Schulen. Sie wittern hinter der in Tokio beschlossenen Erhöhung der Verteidigungsausgaben einen wiedererwachenden japanischen Nationalismus.

Betrachter ostasiatischer Gepflogenheiten mögen einwenden, dies seien nur Vorwände der über Jahrtausende im Handel erfahrenen Chinesen, mit denen sie japanische Geschäftsleute an eine historische Schuld erinnern und in Verhandlungen bessere Konditionen erreichen wollten. Solch eine Betrachtungsweise allerdings wäre angesichts der Leiden, die China unter japanischer Okkupation ertragen mußte, zu einfach. Wohl ist den Chinesen daran gelegen, im geschäftlichen Umgang mit Ausländern – oft auf schwer erträgliche Art – möglichst viel herauszuschlagen. Und da ist einer der wichtigsten Partner, Japan eben, keine Ausnahme.

Doch Japan, dessen Wirtschaft sich mit derjenigen seines großen Nachbarn gut ergänzen könnte, stößt in China auf größere Schwierigkeiten als nichtasiatische Partner. Sie sind nicht nur historisch (vergangene Untaten) oder wirtschaftlich (das hohe chinesische Handelsdefizit) zu begründen. Sie reichen in seelische Gefilde. Viele Chinesen fühlen sich den Japanern überlegen, empfinden ihnen gegenüber aber gleichzeitig ein Gefühl der Minderwertigkeit. Das Reich der Mitte hatte ein Gesellschaftssystem aufgebaut, die Schrift entwickkelt, für die Menschheit nützliche Dinge erfunden, die über viele Jahrhunderte hinweg von Japanern übernommen, dort lautlos verändert wurden. Nippon wurde vom chinesischen Kaiserreich als tributpflichtiger Staat behandelt. Und über Nacht, in kaum 50 Jahren, wandelte sich dieser kleine asiatische Nachbar zu einer hochgerüsteten Macht.

Nach der Niederlage dauerte es nur zwei Jahrzehnte, bis Japan als internationale Wirtschaftsmacht schon fast ernst genommen wurde – zu einer Zeit, da in China die „Kulturrevolution" die dringend notwendige Modernisierung des riesigen Agrarlandes mehr als zehn Jahre lang verhinderte. Hier mag sich bei vielen Chinesen der Neid auf den erfolgreichen asiatischen Nachbarn vermengt haben mit dem Gefühl der Ohnmacht und Trauer darüber, daß sie von einem Diktator namens Mao Tse-tung ihrer Zukunft beraubt wurden. Viele gebildete Chinesen haben sich danach geschämt, weil China der Welt als Aufmarschfeld für realitätsfremde, brutale Gesellschaftsingenieure erscheinen mußte.

Japan hingegen nahm Mitte der siebziger Jahre bereits einen Platz unter den großen „westlichen" Industrienationen ein – einen Platz allerdings, der Japanern inzwischen schon wieder zu schaffen macht. Denn viele von ihnen wissen trotz ihrer internationalen Erfolge, trotz der Beschwörungen der Einmaligkeit und der nationalen Einheit Nippons nicht mehr so recht, wohin sie gehören. Einiges deutet darauf hin, daß sie sich zurückbesinnen möchten auf ihre kulturellen Wurzeln: Nicht in einen Isolationismus zurückverfallen – das ist allein schon wegen des auf Weltmärkten erwirtschafteten Wohlstands unmöglich; aber sich ihres asiatischen Erbgutes erinnern. Und da könnte sich im Laufe der Zeit eine größere Nähe zu China wieder wie von selbst einstellen.

China bleibt zurück

Die Reformversuche in den beiden größten kommunistischen Ländern verlocken zum Vergleich. Dabei wird Konkurrenz zwischen Peking und Moskau unterstellt, wer als erster ans Ziel gelangen könnte. Das angenommene Ziel heißt nicht Kommunismus. Es heißt: sich von den Fesseln der Vergangenheit zu lösen, zu den kapitalistischen Staaten wirtschaftlich und politisch aufzuschließen. Wer liegt da vorn? Solche Vergleiche sind schwierig – wiewohl nicht ausgeschlossen ist, daß sich Politiker in den beiden Hauptstädten bei solchem Wettkampf gefallen mögen. Vergleiche sind deshalb schwierig, weil sich die Gegebenheiten in den zwei Ländern schwerlich aneinander messen lassen. Denn China wird auch in der Mitte des nächsten Jahrhunderts keine Weltmacht sein wie die Sowjetunion heute. Moskau wird trotz erheblicher Mängel und Schwächen neben den Vereinigten Staaten die Politik kleinerer Nationen auf der Welt für geraume Zeit weiter beeinflussen oder bestimmen.

Doch lassen wir uns probeweise auf Vergleiche ein. Sowohl in Rußland als auch in China herrscht eine allmächtige Partei, die die Regierungsorgane wie ein parasitäres Gewächs umschlingt, seit kurzem nun aber vorgibt, sich zuerst ihrer wahren Aufgabe widmen zu wollen: politische Ziele zu formulieren. In der Sowjetunion hat die Partei seit der Oktoberrevolution von 1917 die Macht in Händen, seit zwei Generationen also, wohingegen in China die Kommunisten erst seit 1949 ihren ganzen Einfluß ausüben können. In beiden Ländern sind die Staatsfunktionäre eine träge Masse, die den Willen der Bevölkerung zu wirtschaftlicher Innovation, zu politischer Selbständigkeit erstickt.

Unterstellen wir, daß die Chinesen als Händler immer schon flink gewesen seien, dann hätte die Wirtschaftsreform hier bessere Chancen. Peking wird nun wie viele andere Entwicklungsländer zuvor die Stadien des Frühkapitalismus durchschreiten. In der Sowjetunion hingegen hat „die Intelligenz" eine alte Tradition, wiewohl sie immer ein mißtrauisch beäugtes Element war. Danach könnte man von Moskau in Zukunft eher politische Flexibilität erwarten. „Der" Russe scheint zwar träge, uns anderen Europäern aber geistig nahe, er wird sich vielleicht von ideologischen Fesseln befreien, jedoch noch lange vor leeren Regalen Schlange stehen müssen. „Der" Chinese ist zwar fleißig und darf sich nun auch wieder für sein Privateigentum ins Zeug legen, aber für westliche Gedanken wie Demokratie ist er nicht aufgeschlossen.

Die Reformen in den beiden Ländern sind schwer zu vergleichen. Zu unterschiedlich sind die Gesellschaftssysteme, die historischen, wirtschaftlichen Voraussetzungen. Doch Vergleiche drängen sich für den Westen nicht nur wegen der irrigen Vorstellung auf, Kommunismus hier und da sei dasselbe, sondern auch deswegen, weil sich die chinesischen Kommunisten lange Zeit an sowjetische Vorbilder halten wollten und sie später, enttäuscht von Moskau, heftig ablehnten. Aus der Abhängigkeit vom Vorbild des ersten sozialistischen Staats haben sich selbst Leute vom Schlage Deng Xiaopings – er studierte kurze Zeit in Moskau – immer noch nicht recht befreien können. Der jüngeren Generation bedeutet dieses Vorbild nicht mehr viel. Daher rührt wohl das Streben der Politiker in beiden Ländern, vom kapitalistischen Ausland als derjenige kommunistische Staat angesehen zu werden, der mit der verhängnisvollen Vergangenheit brechen kann. Doch in China wird Mao Tse-tung immer noch nicht angeprangert als der Übeltäter, der er in seinen letzten zwei Lebensjahrzehnten für das chinesische Volk war. Zeitungen in China beginnen nun allerdings – wie zuvor schon in der Sowjetunion – sich der Greuel des Regimes Stalins anzunehmen, wiewohl sein Bild – neben denen von Marx, Engels und Lenin – bei Nationalfeiertagen immer noch auf dem Platz des Himmlischen Friedens in Peking zur Schau gestellt wird. Ob die zaghafte Kritik an Stalin in China bald eine noch zaghaftere Abrechnung mit Mao nach sich zieht? Es könnte sein.

Reformversuche in den beiden kommunistischen Zentren: Die Chinesen streben beharrlich danach, sich vom ungeliebten russischen Bruder zu emanzipieren. Sie haben schon die unternehmerischen Kräfte der Bauern freigelegt – mit Erfolg. Sie wollen nun die Preis- und Lohnstrukturen in den Städten auflockern, die Unternehmen von manchen Fesseln der alten Planwirtschaft befreien – da drohen Gefahren, Inflation und Korruption, die zur Unruhe in der Bevölkerung führen könnten. Beim Mut in der Wirtschaftsreform sind die Chinesen den Russen voraus.

Den Führern in Peking mangelt es aber an der Einsicht, daß ein erfolgreiches Unternehmertum ohne ein Mindestmaß politischer Mitsprache undenkbar ist, wiewohl ein Blick nach Taiwan oder Südkorea sie eines Besseren belehren müßte.

Eine kritische Auseinandersetzung mit dem im Lande entwickelten Kommunismus kann von den Chinesen heute noch niemand erwarten. Dazu wäre eine mutige, eine aufgeklärte Intelligenz nötig, die dem über Jahrtausende gewachsenen Beamtentum Paroli bieten könnte, das heute unter dem Schutz der Partei steht und ihr dient. Russen haben es da besser. Sie besitzen eine Intelligenz-Schicht, die sich in der jüngeren Vergangenheit entwickeln konnte. In den sechziger und siebziger Jahren aber ist in China nicht gelehrt und nicht gelernt worden. Auch deswegen muß die andere große kommunistische Macht bis in die nächste Generation hinein vom fernöstlichen Nachbarn Konkurrenz nicht fürchten, auch wenn es dann in China noch so viele „reiche" Gemüsebauern geben sollte.

Unter den Straßen von Peking

Der Feind stolpert durch den unterirdischen Gang. Er biegt um die Ecke, vor ihm ein zwanzig Meter langer toter Stollen, an dessen Ende ein Bett steht. Der feindliche Eindringling weiß weder ein noch aus, er findet nicht einmal mehr den Weg zurück in die acht Meter weiter oben gelegene Da-Zha-Lan; resigniert läßt er sich auf dem Bett nieder. Hätte er hingegen in dem toten Stollen auf halbem Wege haltgemacht und mit dem Fuß einen unscheinbaren Eisenstift niedergedrückt, dann hätte sich vor ihm lautlos eine Treppe automatisch aufgetan, über die er weitere sieben Meter hätte hinunterschreiten können in das Innere dieser wohldurchdachten – wiewohl sinnlosen – Verteidigungsanlage unter den Straßen von Peking.

Der Feind, den der alte Mao Tse-tung fürchtete, hat nie bis hierher kommen wollen. Nur ein Narr könnte sich heute vornehmen, Peking einzunehmen oder durch Zerstörung der Hauptstadt das ganze Land niederzuzwingen. 1969, während der „Kulturrevolution", sind die Angestellten in Peking dazu gezwungen worden, die Erde unter ihren Häusern und Arbeitsstätten zu untertunneln. Der damals schon der Realität entrückte Mao fürchtete sich vor einem Angriff der Sowjetunion. Moskau hatte gewagt, Maos Vorstellungen einer über Nacht zu verwirklichenden sozialistischen Utopie zu belächeln, sich wohl auch Gedanken gemacht über den unbotmäßigen jüngeren sozialistischen Bruder, es gab Scharmützel an der Grenze.

Die Chinesen durften zehn Jahre lang graben, schwere Materialien wie Deckengewölbe stellte der Staat. Jeder Angestellte, jedes Schulkind durfte Erde mit Körben aus den Schächten hinausschaffen. Die Arbeit, der Unterricht litten darunter: Doch während der Kulturrevolution wurde Wissen für nichts geachtet, sollten „stinkende Intellektuelle" den „süßen Schweiß körperlicher Arbeit" kennenlernen. Dies mochte ihnen Überlegenheitsgefühle gegenüber Bauern austreiben. Maos Vater war ein Bauer, wenn auch ein wohlhabender. Nach der Übernahme der Macht im Jahr 1949 mag Mao eine gewisse Unterlegenheit angesichts der administrativen Fähigkeiten „weltläufiger" Genossen aus der Stadt gespürt haben. Seine zwei letzten Lebensjahrzehnte waren geprägt vom Kampf gegen Urbanität und Weltläufigkeit. Damit hat er große Not über das Volk gebracht und unter anderem erreicht, daß die gesamte Hauptstadt unter der Erde durchzogen ist von Gängen, Tunnels, Fallen, Stollen – ein Wegenetz wie für fünf Millionen Maulwürfe. Die Bauern sollten sich ihre eigenen Löcher graben.

Heute werden Touristen durch die Gewölbe unter der Da-Zha-Lan geführt, der 270 Meter langen, schmalen Einkaufsstraße südlich vom Platz des Himmlischen Friedens, mit 45 Läden, in denen 2000 Menschen beschäftigt sind. In dieser Straße suchen täglich etwa 80000 Kunden nach Eßbarem, Kleidern und Medizin. Über 45 Eingänge können die Besucher in die Katakomben gelangen; 10000 Personen fänden Zuflucht hier. „Im Notfall würden hier sowieso nicht mehr alle Leute einkaufen", sagt einer der „Maulwürfe", der wohl von Anfang an dabei war. Er glaubt nicht mehr an den Notfall.

Einen Atomschlag direkt über dem Gebiet würden die Gewölbe nicht aushalten: Sie könnten aber vor radioaktiver Verseuchung Schutz gewähren; Luft kann gefiltert, Grundwasser

heraufgepumpt, Strom erzeugt werden. Über sieben Flucht-
wege sind andere Anlagen unter der Hauptstadt zu erreichen.

Heute denkt man ans Geschäft. Hier werden Pilze gezüch-
tet, aus dem Lazarett ist ein Hotel geworden. Im Sommer
wird geheizt, auch im Winter ist es heimelig hier unten. Hundert Bekannte oder Verwandte der oben tätigen Angestellten
können hier unterkommen für knapp 2,50 Mark pro Person
und Nacht in Zimmern mit mehreren Betten. In den Gängen
ist das Rauchen verboten.

Die Bunker sind nun Lagerräume für die Geschäfte oben.
Der Rattenplage ist man, wie in der gesamten Stadt, Herr
geworden. Ausländische Touristen staunen, wenn im Pelzla-
den durch fast unmerklichen Druck des Fußes der Führer ein
vier Quadratmeter großes Stück Fußboden zur Seite gleitet
und den Blick auf eine Treppe freigibt, die nach unten führt in
die Geheimnisse der Pekinger Unterwelt.

Nach dem Gang durch die Tunnels, nach Belehrungen und
Informationen vor Schautafeln werden die Touristen in das
Kaufhaus unter der Erde eingelassen. Die ausländischen
Kunden stehen vor verstaubten Teppichen, seidenen Laden-
hütern und groben Holzkästchen. Chinesen sind nicht zuge-
lassen, vielleicht ist ein kritisches Publikum nicht erwünscht.

Rabatt für die Taiwanesen

Taipeh und Peking vollführen Lockerungsübungen. Die nationalistische Regierung auf Taiwan läßt ihre Bürger – mit
wenigen Ausnahmen – nun auf das kommunistisch regierte
Festland reisen. Diesen Trend witterten wohl zwei jüngere
taiwanesische Journalisten der „Unabhängigen Abendzei-
tung", die sich als erste seit dem Sieg der Kommunisten 1949
in die Volksrepublik wagten und darüber berichteten. Die
Kommunisten in der an Hongkong angrenzenden südchinesischen Provinz Guangdong nutzten dies als erste und bieten
nun Preisermäßigungen für die Landsleute von der Insel an –
zum Beispiel zehn bis dreißig Prozent Nachlaß in staatlichen
Hotels, wohl nach dem noch nicht gemünzten Schlagwort:

„Ein Land, drei Preise", nämlich unterschiedlich für Ausländer, für normale Chinesen, für Taiwanesen. Auch wird denen „von drüben" Vorzugsbehandlung beim Kauf von Flug- und Eisenbahnfahrkarten zugesichert. Ungeachtet derartiger kantonesischer Krämerei im Angesicht zahlungskräftiger zukünftiger Touristen aus Taiwan vermag die nun auf beiden Seiten der Formosa-Straße gezeigte Bereitschaft der Konzilianz zu einer behutsamen Annäherung führen, die den internationalen Status der Nationalisten in Taipeh fördern könnte.

Kommunisten und Nationalisten haben sich in der ersten Hälfte dieses Jahrhunderts gegenseitig bekämpft, zweimal auch haben sie zusammengearbeitet – allerdings nur deswegen, um dem anderen dabei das Wasser abzugraben. Die Nationalisten unter Tschiang Kai-schek verloren den Bürgerkrieg gegen Mao und seine Anhänger vornehmlich wegen ihrer Unfähigkeit, der Korruption in den eigenen Reihen Herr zu werden, dem auch wegen des Krieges mit Japan kaum noch überlebenden Volk Hoffnung auf eine neue Kraft bieten zu können. Sie flohen auf die Insel Taiwan. Mao hatte den Kampf gegen Feinde gelernt, war aber danach außerstande, das chinesische Volk im Frieden zu Wohlstand und Ruhe zu führen.

Während in Taiwan, mit amerikanischer Unterstützung, allmählich eine prosperierende Wirtschaft unter diktatorischen politischen Verhältnissen entstand, ging das Festland unter dem „großen Sprung", besonders aber während der „Kulturrevolution", wirtschaftlich und politisch zu Bruch – auch wenn viele Staaten Peking Anfang der siebziger Jahre als einzig rechtmäßige Regierung Chinas anerkannten, ein Privileg, das bis heute wenigstens offiziell weiterhin von alternden Politikern in Taipeh beansprucht wird. Erst der unter Deng Xiao-ping seit 1978 betriebene Versuch, Anschluß an das Ausland zu finden, verschaffte Peking den Atem, der für eine Verbesserung der Lebensbedingungen der über eine Milliarde von der Kommunistischen Partei regierten Chinesen nötig ist. Die 18 Millionen Chinesen auf Taiwan waren da mit ihrem Handelsgeschick und ihrem Fleiß längst schon in die Phalanx der „Schwellenmächte" vorgedrungen.

Seit geraumer Zeit sind Politiker auf Taiwan zu Experimenten mit liberaleren politischen Prozessen bereit. Der Gegensatz zwischen „Taiwanesen", deren Vorväter also schon vor mehreren Jahrhunderten auf der Insel lebten, und „Festländern", die mit Tschiang kamen und die Insel besetzten, hat sich nach 40 Jahren verwischt. Wohlstand, nach Japan der höchste in der Region, verhilft zu Selbstbewußtsein. Ein „unabhängiges Taiwan" – eine eigene, vom Festland auch im Anspruch vollständig getrennte Republik also – mag zwar einigen auf Taiwan noch erstrebenswert sein, doch die Idee widerspricht erstens den Mächtigen auf beiden Seiten der Meeresstraße, zweitens dem Wunsch der meisten an den Geschicken in Nachbarprovinzen interessierten Chinesen nach einer geeinten Nation. Denn Chinesen auf beiden Seiten der Formosa-Straße haben tatsächlich dieselben Vorväter. Natürlich bewegt nicht nur Nostalgie oder Gemeinsinn viele Bürger von Taiwan dazu, nach Fujian oder Guangdong zu reisen – wenn auch nicht der Wunsch der Chinesen unterschätzt werden sollte, die Gräber der Eltern zu besuchen, selbst im alten Heimatort beerdigt zu werden oder zumindest nach verschollenen Familienangehörigen forschen zu können. Sicherlich sind auch wirtschaftliche Fragen wichtig, sollten die beiden verfeindeten Systeme wieder zusammenfinden können: das kommunistische China braucht fortgeschrittene Geräte, es braucht auch Partner, die bei Verhandlungen ihre Sprache – auch im übertragenen Sinne – sprechen. Taiwan bietet dies. Die Insel-Wirtschaft wiederum benötigt Rohstoffe und die vielen Ingredienzien – von der Küche bis zur Apotheke –, die den chinesischen Lebensstil ausmachen und die das Festland bieten kann.

Politiker in Taiwan wissen sehr wohl um die Schwierigkeiten, denen sich die chinesische Bevölkerung der britischen Kolonie Hongkong gegenübersieht: 1997 kehrt sie zurück unter die Oberhoheit Pekings. Ob bis dahin mittlere Wirtschaftsmagnaten und kritische Intellektuelle in der Kolonie von Peking überzeugt werden können, daß das kapitalistische System mit seinen Vorzügen tatsächlich noch mindestens 50 Jahre fortbestehen wird, wie vereinbart, ist noch nicht ausgemacht. Taiwan bietet sich für Zauderer als neues Betätigungsfeld an, um den Erfolg des von den Kommunisten propagierten Wortes von „einem Land, zwei Systemen" in taiwanesischer Geborgenheit abzuwarten. Und die Politiker in Taipeh wären keine guten Chinesen, wenn nicht das enorme, zum Investieren bereite Potential ihrer Landsleute in Hongkong auf die Insel locken wollten.

Taiwan wird durch den vernünftigen Schritt, seinen Bewohnern den Besuch auf dem Festland zu erlauben, nicht erhebliche internationale Anerkennung abschöpfen – zu verständlich sind die Hoffnungen der meisten Staaten, mit Peking als eines Tages großer Macht weiterhin Fäden zu knüpfen. Die Regierung in Taipeh wird auch noch eine Weile an ihrer Ablehnung offizieller Kontakte zu Peking festhalten – das hat sie schon lange so gesagt, das kann sie nicht, ohne ihr Gesicht zu verlieren, rasch aufgeben. Aber Taipeh, das schon das Kriegsrecht aufgehoben hat und das eine oder andere Buch vom Festland auf der Insel drucken läßt, begegnet nach vielen Jahrzehnten Starrsinn nun endlich den Ouvertüren der Kommunisten mit einem eigenen, geschmeidigen Willen. Der ließe sich kurz fassen in einer Aufforderung an die eigene Bevölkerung: „Schaut euch auf dem Festland um und entscheidet dann, ob euer Heimweh nach der Väter Dörfer euer Wohlergehen auf der Insel überschattet."

Hundert Blumen

Die „Hundert-Blumen-Bewegung" ruft bei Intellektuellen Erinnerungen an schlechte Zeiten wach, die damals, 1956, begannen und ihnen und ihren Kindern ein Vierteljahrhundert lang Ungemach bescherten. Ingenieure, die sich für die Industrie des „Neuen China" einsetzten, wurden gebrandmarkt, weil sie sowjetischen Wirtschaftsplänen gegenüber mißtrauisch blieben; Professoren wurden zur Latrinenwache eingeteilt, ihre Söhne und Töchter durften nicht studieren; Schriftstellern, die mit Kritik an der Kommunistischen Partei zu deren Besserung beitragen wollten, wurde der Mund verboten, ihnen wurde Schweinezucht befohlen.

Was waren die „Hundert Blumen"? Nach dem Sieg der

Anhänger Mao Tse-tungs fehlte es an Fachleuten, denen die Kommunisten trauen wollten. 1956 glaubte die Führung der Kommunistischen Partei jedoch, die Loyalität der Intelligenz gewinnen zu können. Mao hielt Reden, in denen er seine Parteigenossen davon zu überzeugen suchte, den von ihnen immer noch mißtrauisch beäugten „bürgerlichen" Intellektuellen entgegenzukommen, und in denen er sich für eine Verbesserung des „Arbeitsstils" der Partei-Kader aussprach – gegen bürokratische Borniertheit also, auch gegen Selbstherrlichkeit nach dem Sieg der „Revolution". Mao hat es damals wohl ernst gemeint mit seinen Verbesserungsvorschlägen für die Gesellschaft. Doch die Umstände waren anders. Die maoistischen gesellschaftlichen „Verbesserungen" brachten – wie so oft in den Jahrzehnten nach 1949 – Unheil über das chinesische Volk. Denn ein Teil der Intelligenz zeigte sich unbeeindruckt vom Sozialismus, reagierte vielmehr unerhört. Nach Monaten der Skepsis wagten sich geistige Größen Chinas an die Öffentlichkeit, kritisierten wirtschaftliche Fehlplanungen, kritisierten die Kulturpolitik der phantasietötenden Schwarzweißtöne in Filmen, Romanen, Theaterstücken. Solche Kritik ging an den Nerv der Kommunisten, zumal häufig selbst die Vormachtstellung der Partei aufs Korn genommen wurde.

Es ist nicht klar, ob Mao die Folgen dieser Kampagne vorausgesehen hat – wohl kaum. Er reagierte jedoch rasch, als die Autorität der Partei und seine Autorität innerhalb der Partei angezweifelt wurden. Die Kritiker mußten sich im Sommer 1957 plötzlich als Dämonen und Kobolde beschimpfen lassen, die man aus ihren Verstecken hätte locken müssen. Schriftsteller wurden mit Schreibverbot belegt, in entfernt gelegene Gebiete verbannt. Der Schriftsteller Wang Meng zum Beispiel verbrachte vier Jahre in einem Arbeitslager, wurde 1962 in die westliche Provinz Hsin-Kiang verbannt – dort mußte er sechzehn Jahre bleiben, bevor er 1979 wieder rehabilitiert wurde.

Die Verfolgungen nach der „Hundert-Blumen"-Bewegung allerdings müssen als milde bezeichnet werden, wenn sie mit der ein Jahrzehnt später entfachten Kulturrevolution verglichen werden, als Hunderttausende wegen ihrer sozialen Herkunft und ihrer Überzeugungen umgebracht wurden. Die von Mao Tse-tung zu verantwortenden „zehn schlimmen Jahre" begannen vor zwei Jahrzehnten. Mao starb vor zehn Jahren, kurz darauf wurden einige seiner Adjutanten festgenommen und unter dem Namen „Viererbande" vor Gericht gestellt.

Heute wäre also mehrerer „Jubiläen" zu gedenken – wobei natürlich weder die Auswirkungen der „Hundert Blumen" vor drei Jahrzehnten noch die „Kulturrevolution" Anlaß für Festreden sein können, eher für Trauerfeiern. Was den Tod Mao Tse-tungs vor einem Jahrzehnt betrifft, so wird dieses Datum auch heute nicht zum Anlaß genommen, über das Ende seiner Diktatur öffentlich zu frohlocken. Zu lang war er der Übervater der chinesischen Erneuerung, als daß man sich seiner leicht entledigen könnte. Manche Chinesen sagten heute, Maos Beiträge seien zu 70 Prozent gut, zu 30 Prozent falsch gewesen. Das sind chinesische Zahlenspielereien, mit denen die Kritik an Politikern verbrämt wird; auch Stalin kommt heute in China immer noch dieser Dreißig-Prozent-Bonus zugute. Sie übertünchen aber auch die althergebrachte Angst gebildeter Chinesen, Stellung zu beziehen im Angesicht einer Autorität. Denn könnte die nicht eines Tages wieder das Ruder herumwerfen und Einserkandidaten behandeln wie Verräter?

Mao, dessen Beitrag zur Befreiung Chinas von Not, Unterdrückung, Krankheit ein anderes Thema ist, besaß das Geschick des ausgekochten Opportunisten, sich in den wechselnden Zeitläufen immer wieder potenter Bündnispartner zu versichern; das ist in der Politik üblich. Doch er vergiftete das Verhältnis zwischen den Generationen, als er in der „Kulturrevolution" junge, unerfahrene Menschen anstachelte, alles Alte – Eltern, Tempel, Bücher – zu zerstören. Die Rotgardisten, von Mao in einen Machtrausch versetzt, zerstörten und mordeten. Mao war nach den Kämpfen der eigenen Partei gegen die Japaner und gegen Tschiang Kai-schek nach 1949 nicht in der Lage, sich eine friedfertige Zukunft des chinesischen Volkes vorzustellen. Widerspruch war ihm unerhört, Zweifel an seiner Autorität zuwider. Er zog sich Speichellecker heran für seine Intrigen.

126

Dieser Atmosphäre, die während der „Kulturrevolution" zur fleischfressenden Blüte getrieben wurde, aber auch schon während der Tage der „Hundert Blumen" herrschte, sind damals nicht nur Chinesen erlegen, auch Ausländer feierten die Weisheit des „großen" Vorsitzenden, der mit philosophischem Brimborium seine politischen Gegner zu Erzfeinden abstempelte. Die „Hundert-Blumen-Bewegung" und die Kulturrevolution brachten über Wissenschaftler, Künstler, Politiker unbeschreibliche Schmach, die heute noch den Umgang unter Chinesen überschattet.

Wenn heute wieder von den „Hundert Blumen" die Rede ist, die blühen mögen, dann ist wohl Nostalgie im Spiel. An die „Hundert Blumen" aber sollte wegen der beschriebenen Geschehnisse nicht angeknüpft werden – das Gute liegt viel näher: nach der Öffnung Chinas hin zum Westen, sollte China nicht mehr in alten Parolen sein Heil suchen. Es sollte auch gar nicht mehr Zuflucht zu Bewegungen nehmen müssen, die das Volk auf irgendeinen Pfad lenken wollen. China braucht allgemeinverständliche Gesetze, China benötigt Diener, die diesen Gesetzen zum Leben verhelfen, China muß sich des behäbigen Teils seiner Beamtenschaft entledigen, China muß Menschen gewähren lassen, die sich auf unorthodoxe, notfalls also unkommunistische Weise für die Zukunft ihres Landes einsetzen.

Nur Sprache, keine Kultur?

In Anwesenheit von Außenminister Genscher ist das Goethe-Institut in Peking eröffnet worden. Es ist das erste westliche Kulturinstitut in der Volksrepublik China überhaupt. Außer in China hat das Goethe-Institut noch in den anderen sozialistischen Ländern Rumänien, Jugoslawien, Ungarn Zweigstellen, mit Polen, Bulgarien, der Tschechoslowakei und der Sowjetunion wird über eine Einrichtung verhandelt. Ziel des Instituts in Peking ist die „Förderung der deutschen Sprache in China". Hiermit ist bereits die von chinesischer Seite auferlegte, zumindest vorläufige Beschränkung in der Arbeit angesprochen: Die reine Sprache, möglichst aber nicht „Kultur", die ja politisch sein könnte, soll vermittelt werden dürfen. Wie sich Sprache von Kultur scheiden läßt, ist Geheimnis chinesischer Rabulisten.

Ein Teil der Bürokratie in Peking ist weiterhin allen ausländischen Einflüssen gegenüber mißtrauisch. Ein Beschluß des Zentralkomitees aus den fünfziger Jahren, in China keine fremden Kulturinstitute zuzulassen, ist bislang formell nicht aufgehoben worden. Genscher ging in seiner Rede darauf ein: „Ich hoffe sehr, daß das Goethe-Institut in Peking schon in naher Zukunft auch ein kulturelles Programm anbieten kann, das dem offenen Dialog zwischen unseren Ländern dienen wird."

Die Erwartungen der an deutscher Kultur interessierten Chinesen an das Institut sind hoch. Nach Englisch ist Deutsch die wichtigste Fremdsprache hier, vor Japanisch und Französisch. Wie viele Chinesen Deutsch lernen, ist nicht genau bekannt: An den dem Staat direkt unterstellten Hochschulen sind es 18 000 Menschen, die es im ersten oder zweiten Hauptfach studieren. Die Zahl ist aber weitaus höher, da die Fremdsprachenvermittlung inzwischen zu einem lukrativen Geschäft für viele Institutionen geworden ist. Der Leiter des Instituts, Kahn-Ackermann, möchte gemeinsam mit dem chinesischen Germanisten-Verband eine Erhebung über den Stand der deutschen Sprachausbildung in China vornehmen. – In der Bundesrepublik lernen und arbeiten derzeit etwa dreitausend chinesische Wissenschaftler und Studenten, etwa 220 Deutsche sind als Studenten und Wissenschaftler in der Volksrepublik.

Die eben genannten Erwartungen könnten nur wegen des nicht mehr zeitgemäßen Sino-Zentrismus chinesischer Beamter enttäuscht werden. Denn die deutsche Seite beweist guten Willen. Kahn-Ackermann hat schon geraume Zeit in China gearbeitet, gelehrt. Er hat chinesische Schriftsteller wie Zhang Jie ins Deutsche übersetzt. Einen Teil seiner Rede, in der er die Geburt des Goethe-Instituts in Peking verglich mit der Entbindung seiner chinesischen Frau von ihrem Kind vor wenigen Tagen, hat die Sympathie der chinesischen Gäste für ihn verstärkt, es war am Applaus zu hören.

Kahn-Ackermann stehen weitere sechs entsandte Deutsche zur Seite. Sein Stellvertreter, dies ein Novum für ein Goethe-Institut, ist ein Chinese, der laut Vertrag allerdings den Leiter bei seiner Arbeit nur unterstützen, ihm also nicht dreinreden soll. Er wird sicherlich Hilfestellung leisten können beim Umgang mit der Bürokratie. Der Schwerpunkt bei der Arbeit dieses Goethe-Instituts liegt in der Förderung der Germanistik in China. Das Institut will nicht Konkurrenz sein zu Hochschulen, die die deutsche Sprache lehren. Der Intensiv-Unterricht, 24 Stunden pro Woche, soll in vier bis fünf Klassen mit jeweils etwa fünfzehn Studierenden abgehalten werden. Außerdem sind Abendkurse für chinesische Familienangehörige deutschsprachiger Ausländer und für chinesische Mitarbeiter deutscher Firmen vorgesehen.

Es wird wegen der Bedenken der hiesigen Bürokratie schwierig sein, Projekte mit chinesischen Partnern direkt zu verhandeln, ohne die staatliche Administration zuvor um Erlaubnis gebeten zu haben. Das Goethe-Institut wird also neben der fachlichen Arbeit vornehmlich dafür sorgen müssen, das Mißtrauen mancher Beamter, die eine solche Einrichtung als Fremdkörper betrachten, zu beseitigen. Denn natürlich möchten auch andere Staaten Kultur-Institute in China errichten. Auch sie würden, wie nun womöglich das Goethe-Institut, der seit Jahrzehnten überfälligen geistigen Befruchtung Chinas durch das Ausland gute Dienste erweisen.

Chinoiserie

In Peking haben seit langer Zeit erstmals wieder zwei Kunstauktionen stattgefunden – mit äußerst unterschiedlichem Erfolg. Bei der ersten chinesischen Versteigerung von Antiquitäten seit Gründung der Volksrepublik im „Palast der Minderheiten" wurden von 33 Stücken (ihr Wert war auf umgerechnet knapp 500 000 Mark festgesetzt) gerade drei Gegenstände für weniger als 4000 Mark verkauft. Dem Auktionshaus Sotheby's hingegen erging es am Sonntag in der

„Halle der Vorfahren", in der früher der Kaiser zu opfern pflegte, weitaus besser. Von etwa 75 Objekten fanden nur vier nicht die Gunst der betuchten Ausländer, die für ein paar Tage über die große Mauer, durch den Sommerpalast, im Himmelstempel gelustwandelt waren. Die höchsten Preise, jeweils etwa 100 000 Mark, erzielten César mit zusammenge-preßten Nationalfahnen Chinas in Plexiglas und der 1928 in Nizza geborene Arman. Der hatte am Abend zuvor während einer Kulturveranstaltung in der „Großen Halle des Volkes" eigenhändig Saiteninstrumente zertrümmert und die Über-reste mit buntem Leim auf eine Holzplatte geklebt – neben ihm spielte derweil das Streichquartett der Chinesischen Phil-harmonie unverdrossen Beethovens Große Fuge, während die größtenteils chinesischen Zuschauer in dem 9000 Men-schen fassenden halbleeren Raum den Weitsprung in diese Art von Moderne nicht wagten; sie scharrten nicht einmal mit den Füßen. Auch bei der Versteigerung ging es gesittet zu. Die Gemälde kontemporärer chinesischer Künstler erzielten vernünftige Preise, die Kostüme französischer Couturiers wurden unter dem im Katalog angegebenen Schätzwert ver-kauft. Selbst Parfum-Magnum-Flaschen mit 1,5 Litern und ein Sattel aus Leder und Seide (12 000 Mark) fanden ihre Liebhaber sowie ein grober Keramikkrug von Pablo Picasso (25 000 Mark). Im Publikum waren natürlich auch Chinesen: Kameraleute, Sicherheitsbeamte, Offizielle. Doch das Ganze – die Auktion, das begleitende Programm – fand eigentlich nicht in China statt, wiewohl die Dächer des Kaiserpalastes über allem schwebten. Es spielte sich ab in einem für zahlende Ausländer geschaffenen Reservat mit chinesischen Eigenhei-ten. Kein Wunder; der Eintrittspreis für die Auktion etwa war soviel wert wie das Monatseinkommen eines Pekinger Arbei-ters.

Ehrenhalber strammgestanden

Nein, Probleme mit Ohrringen haben sie nicht. Ohrringe sind in der Kleiderordnung gar nicht erst vorgesehen, in diesen Landstrichen auch noch nicht in Mode. Brillen und lange Haare sind nicht erlaubt, 1,75 Meter mindestens aber müssen die Kerls lang sein, Gesundheit und Mittelschulbildung sind Voraussetzung, die Gesichtszüge sollen Regelmäßigkeit aufweisen. Im Nordwesten der chinesischen Hauptstadt, wo die Hochhäuser sich noch nicht in grüne Vororte hineingefressen haben, üben sechshundert junge Männer den gemessenen Stechschritt, das exakte Drehen auf dem Absatz, auch die drei Handgriffe, mit denen Gewehre blitzschnell und maschinenkolbengleich von der Schulter auf die Erde befördert werden können. Das Ehrenbataillon der chinesischen Streitkräfte, der Peking-Garnison unterstellt, hat hier inmitten von Wohnhäusern sein geräumiges Zuhause: Gärten, Verwaltungsgebäude, Wohntrakte. In der Mitte die „raison d'être": der asphaltierte Exerzierplatz, sicher sechzig Meter breit, 150 Meter lang.

Und auf ihm die Soldaten. Nein, das sind keine Zinnfiguren, wiewohl aus der Entfernung die im Schreiten erstarrten Gestalten an die Kindheit, an das Spiel in der Wohnstube erinnern mögen. Sie sind nicht aus Metall: die olivgrünen Uniformen sind am Rücken und auf der Brust dunkel vor Schweiß. Die Sonne leuchtet auf die Militärmützen der Bauernburschen, deren Pupillen darauf gedrillt sind, aus den Augenwinkeln nichts anderes als den Vorgesetzten zu sehen. Der brüllt: Eins, zwei, drei. Der brüllt etwas wie „wou". Das soll wohl heißen: „Marsch", und sie marschieren. Die Füße mit den groben, hellbraunen Lederschuhen heben sich – fünf Schritt voraus, innehalten, rechten Fuß absetzen, kehrt, fünf Schritt zurück, kehrt, innehalten, die Gewehre mit Bajonett schnell, aber nicht scheppernd niedersetzen, am Flügelmann ausrichten.

Drill wie bei allen Ehrenkompanien auf der Welt. Ausländische Staatsgäste wollen auf dem Platz des himmlischen Friedens vor der Großen Halle des Volkes die Front abschrei-

ten, die Gastgeber erfüllen ihnen diesen Wunsch. Heer, Marine, Luftwaffe – so lautet hier die Rangordnung. Dazu kommen die Musikanten mit den Hymnen und die Kanoniere, die
hin und wieder Salut schießen – beide unterstehen allerdings
nicht dem Ehrenbataillon, sondern gehören anderen militärischen Einheiten an. Heer, Marine, Luftwaffe? Ist diese Rei-
henfolge bewußt gewählt bei den Aufmärschen, birgt sie nicht
den Zündstoff für Eifersüchteleien unter den verschiedenen
Waffengattungen?

Herr Yu ist der Meister des Ehrenbataillons. Er ist seit 25
Jahren Soldat, seit fünf Jahren Chef des Bataillons. Er hat
das kantige Gesicht des Heerführers, seine Augen blitzen vor
Mut und List. Er stammt aus der Provinz Shandong, die
immer schon die besten Krieger Chinas hervorgebracht hat.
Eifersüchteleien? „Nein", sagt er. Konkurrenz gebe es, die sei
ja auch nicht schlecht. Natürlich sei das Heer hier in China
die Nummer eins. Es hat die längste Tradition, natürlich: Als
die Guerrilla-Fußsoldaten wie Fische im Meer der Bevölkerung schwammen, vor vielen Jahrzehnten, besaßen die Kommunisten weder Flugzeuge noch Kanonenboote.

Im Jahre 1953 ist das Ehrenbataillon gegründet worden,
mehr als zweitausendmal schon hat es seither bei Staatsanläs-
sen strammgestanden. Die Kriegerkaste ist in China nie hoch
angesehen gewesen. Dennoch hat Meister Yu keine Nachwuchssorgen. Das erscheint erstaunlich, denn das Soldatenle-
ben in dieser Kaserne – verglichen mit dem der Bundeswehr
etwa – ist spartanisch. Sechs Tage in der Woche drillen die
Burschen ihre Griffe am halbautomatischen Gewehr, üben
den Gruß, das Marschieren, erhalten Ausbildung an verschiedenen Waffen, hören parteipolitischen Unterricht, bekommen das eine oder andere Handwerk beigebracht, damit sie
auf die Zeit nach drei oder fünf Dienstjahren vorbereitet sind.

Im Sommer morgens um sechs Uhr Aufstehen. 6 Uhr 10:
vierzig Minuten Dauerlauf. Halb acht Frühstück, danach
Unterricht, halb zwölf Essen, Ausruhen bis zwei, gefolgt von
drei Stunden Unterricht. Sechs Uhr Essen, danach Freizeit,
während der sich die Soldaten ihre Haare gegenseitig nach
Vorschrift stutzen können, während der sie auch Zeit zum
Selbststudium haben. Um 21.30 Uhr wird das Licht in den

Stuben, in denen etwa zehn Mann wohnen, gelöscht. Gibt es auch Arrestzellen? In anderen chinesischen Kasernen ja, hier brauche man so etwas nicht, die Disziplin sei ausgezeichnet, lautet die süffisante Antwort.

Das alles klingt nicht spartanisch. Aber die Bezahlung ist für chinesische Städte gering: zwischen fünf und fünfzehn Mark im Monat, je nach Dienstzeit. Bei guter Leistung gibt es auch einmal eine Prämie. Aber die materielle Belohnung sei in der chinesischen Armee nicht so wichtig wie etwa eine Belobigung vor der gesamten Truppe, sagt einer der Offiziere. Am erschreckendsten sind die Ausgangszeiten: Der Sonntag ist frei, heraus aus der Kaserne in die Stadt aber dürfen nur jeweils zehn Prozent. Das bedeutet: Der einzelne Soldat kann allenfalls jeden zehnten Sonntag über die Kleidermärkte streifen, vor einem Kino überlegen, ob er sich das Billett leisten möchte oder lieber seinen Eltern im fernen Dorf eine bunte Postkarte schickt.

Aus der Herkunft vieler Soldaten in diesem Ehrenbataillon erklärt sich dessen Attraktivität. Die jungen Männer, im Alter zwischen achtzehn und dreiundzwanzig Jahren, stammen von den Dörfern. Sie sind aus ganz China zusammengekommen zu diesem „Ehrendienst". Sie haben gut zu essen, tragen makellose Kleidung, können lang genug schlafen; ihre Eltern daheim erhalten vom Staat eine kleine Entschädigung, da der Sohn bei der Feldarbeit ja nicht mithelfen kann. Und der Dienst „normaler" Soldaten bei „normalen" Einheiten ist sehr viel härter als hier im Nordwesten Pekings. Die Zeit im „Ehrenbataillon" wird zweifellos der Höhepunkt ihres gesamten Lebens bleiben. Viele werden in ihre Heimat zurückkehren, den Hof des Vaters übernehmen, bis zu ihrem Lebensende den Rücken beugen, um die Kinder zu ernähren. An der Lehmwand der Schlafstube aber hängt dann das in Holz gerahmte Foto vom Ehrendienst in Peking.

IN BEWEGUNG

China, elf Uhr mittags

Mehrere Jahre ist es her. Wir standen vor einem Hotel im Südwesten der chinesischen Hauptstadt und benötigten ein Taxi, um in die Innenstadt zu gelangen – auch damals schon waren öffentliche Verkehrsmittel unzuverlässig, überfüllt, langsam wie Schnecken. Drei, vier der begehrten Vehikel standen vor der Pforte. Fahrer aber waren nicht zu sehen. Der China-Kenner wird sofort die Tageszeit bestimmen können, zu der wir Beförderung suchten. Genau, elf Uhr mittags. Ein Pappschild über einer Bude neben einer Baustelle beim Hotel wies aus: Taxi-Management. Drinnen ein Ofen mit Dampfkessel, Beton-Fußboden, Sperrholzschreibtisch mit Kalender zum Umblättern; an der Wand ein Monatskalender mit Landschaftsbildern im Vierfarb-Druck. „Wei!" – Hallo! Geduld. Nach einer Weile taucht aus dem Nachbarzimmer – es ist von dem sechs Quadratmeter großen Empfangsraum getrennt durch eine Tür mit Angeln, die von rostigen Spiralen in der Senkrechten gehalten werden sollen – eine bärbeißige Frau in den Fünfzigern auf.

Die Frau fragt: „Und was?" Wir sagen: „Ein Taxi zum Großen Platz." Die Frau reagiert nicht, setzt sich an den Sperrholzschreibtisch, blättert im Kalender, schürzt die Lippen, legt die Stirn in Falten, denkt nach. Also? Der Kessel auf dem Ofen bläst Dampf in die Luft. Vor der Hütte stehen weiterhin die drei, vier Taxis, es ist elf Uhr mittags, und die Frau macht keinerlei Anstalten zu helfen. Plötzlich das kaum vernehmliche Wort aus ihrem Mund: "Wann?" „Sofort." „Unmöglich!" „Warum?" „Sie ruhen alle jetzt." Ja, natürlich, wie konnte man das nur vergessen. Elf Uhr mittags – China spannt aus.

134

Da helfen nur die kleinen Tricks, die den Humor aus den Menschen in China herauskitzeln. Wir sagen lachend: „Was, diese Fettwänste von Fahrern wollen ihre Bäuche nicht bewegen?" Die Frau grinst. Es dauert kaum drei Minuten, und ein halbwegs ausgeschlafener Chauffeur führt uns zu seinem Auto.

So war es also vor Jahren, als sich die Taxi-Fahrer zur gutverdienenden Elite im Reich der Mitte zählen konnten. Damals besaßen sie dieselbe „Qualifikation" wie Chauffeure öffentlicher Busse, nämlich den Führerschein, konnten aber mit etwas Geschäftssinn einiges zur Seite schaffen. Heute strotzen große Städte in China vor Taxis, und Zeitungen bringen Beschwerden über deren Fahrer. Warum? Inzwischen gibt es zu viele von diesen Droschken, man kann sie schon am Straßenrand mit dem Finger heranwinken, die geschundenen Chauffeure – wie viele Stunden an diesen Tag sie wohl schon gewartet haben mögen? – halten brav am Trottoir, selbst in Bezirken, in die sich allenfalls unternehmungslustige Ausländer begeben.

Die Beschwerden lauten: Für kurze Fahrten sind die Chaufffeure nicht zu haben, selbst schwangere Frauen wollen sie nicht zum nächsten Krankenhaus bringen. Das sei eine Unverschämtheit, das sei gegen die guten Sitten – und doch verständlich. Denn es bedeutet, nach stundenlanger Warterei vor einem der Luxushotels in ein paar Minuten ein, zwei Mark einzunehmen, wiewohl doch nach einer derartigen Durststrecke zumindest eine Fahrt zum Flughafen angebracht wäre; die bringt zwanzig Mark. Und wenn ein Ausländer noch ein Trinkgeld überreicht – wer mag da unhöflich ablehnen in diesem Land, dessen „normale Bürger" angeblich keine Trinkgelder kennen?

Zweite Beschwerde, von Ausländern vorgetragen: Die Fahrer gäben vor, das auf Englisch genannte Ziel verstanden zu haben, führen dann aber erst einmal meilenweit in westliche Vororte, obwohl die Adresse gleich um die nächste Ecke nach Osten liege. Dritte Beschwerde, besonders in Schanghai geäußert: Die meisten Fahrzeuge dort hätten kein Taxameter, die Fahrer setzten die Preise nach Gutdünken fest.

Wenn man einem Beamten der staatlichen Tourismusbehörde, Herr Liu heißt er, Glauben schenken darf, ist das Taxi in Peking dennoch schon wieder vom Aussterben bedroht. In der Hauptstadt, in der mehr als zehn Millionen Menschen wohnen, gab es bis vor kurzem 13 000 Droschken. Inzwischen aber seien 1000 an andere Städte verkauft worden, 1000 seien abgeschrieben, weil teure Ersatzteile aus dem Ausland nicht bezahlt werden könnten, weitere 1000 stünden zum Verkauf an. Wenn es so weitergehe, sagt der Beamte, würden in Kürze nur noch 7500 Taxis auf den Straßen fahren. Droht wieder „Droschken-Knappheit" wie vor einigen Jahren?

Klappern gehört zum Handwerk. Der Misere damals folgte blitzschnell eine Überschwemmung mit Taxis. Jedes Hotel, viele Organisationen legten sich immense Flotten zu. Und dennoch gehören auch heute Taxifahrer zu Spitzenverdienern in chinesischen Städten, die ihre busfahrenden Kollegen im Einkommen schon einmal um das Achtfache übertreffen. In einem aber hat Herr Liu gewiß recht. Der Staat verlangt unverschämte Einfuhrzölle für Automobile, um den eigenen Markt zu schützen. Der Preis für eine japanische Limousine zum Beispiel hat sich – so Liu – in den vergangenen drei Jahren vervierfacht. Der chinesische Markt aber produziert noch nicht in genügendem Maße diejenigen Autos, in denen sich Ausländer, besonders jedoch prestigebewußte Chinesen chauffieren lassen möchten. Ein Heer mittlerer Beamter und Militärs rollt in ausländischen Dienstlimousinen durch die Städte zur Arbeit, mit den Familien zum Picknick, und alle zahlen nicht einmal dafür.

Die Brutstätte für Neid in chinesischen Städten ist so beschaffen: Die einen fahren gratis im Mercedes, die zweiten chauffieren einen Toyota als – vielleicht versiegende – Erwerbsquelle, die dritten sollen sich über ein eigenes Fahrrad freuen. Damit ist auch die Seelenlage des Taxifahrers in China umschrieben. Er verachtet seine traurigen Brüder, die Busfahrer in ihren sozialistischen Ungetümen, die mit Glück 65 Mark im Monat verdienen. Er beneidet schnellere Zeitgenossen, kennt behandschuhte Chauffeure wichtiger Persönlichkeiten. Er kommt nicht zurecht mit den Ausländern, die seine Sprache nicht beherrschen, aber unablässig um ein Gespräch buhlen – wiewohl er sie schätzt, wegen des Geldes oder wenn er in die einzige Radarfalle nördlich von Peking geraten ist. Der gierige Polizist wird im Angesicht einer „Langnase" seine Forderungen herunterschrauben oder sogar vergessen. Vor allem verabscheut er die Masse lästiger Radfahrer, die ihm das Lenken schwermachen. Des Nachts aber radelt er froh nach Hause zu seiner Frau, die seit Jahren schon Reichtümer von ihm erwartet – und auch erhält.

Wie in Pamplona

Überall auf der Welt unterlaufen den Stadtplanern Fehler – hin und wieder auch solche, die an Schilda gemahnen. Peking ist da keine Ausnahme. Zum Beispiel die U-Bahn der Metropolis: eine Linie führt vom Hauptbahnhof etwa zwanzig Kilometer nach Westen, entlang der Achse, an der auch hohe Beamte wohnen. Die Eingänge sind mit gloriosen Wandgemälden geziert, die Frequenz der Züge hingegen ist unzureichend, die Waggons sind überfüllt. Die zweite – „leere" – Linie führt in U-Form um die Innenstadt herum; die Haltestellen liegen sozusagen im Niemandsland: weit entfernt von den Trabantenstädten, die am Stadtrand aus dem Boden gestampft werden; weit auch entfernt von den nächsten Haltestellen der Busse, die die Menschen zu ihren Wohnungen bringen könnten. Was bleibt den vielen Millionen Bewohnern Pekings angesichts solcher Planlosigkeit anderes übrig, als sich aufs Fahrrad zu schwingen, um Kinder zum Kindergarten zu befördern und sich selbst zur Arbeitsstelle? Was bleibt ihnen anderes übrig, als sich weiterhin in die vollgestopften Busse zu zwängen wie früher, als chinesische Politiker Peking noch als Zentrum der Dritten Welt – der stolzen, wiewohl unterentwickelten – betrachteten?

Doch die überfüllten und unpünktlichen Busse von heute lassen sich nicht mehr mit den selbstbewußten Zeiten damals vergleichen: Sie fahren im Schnitt nur noch halb so schnell wie vor zwanzig Jahren – nämlich etwa zwölf Kilometer pro Stunde; dies hat die „Peking Rundschau" festgestellt. Gründe für dies Schneckentempo gibt es zu Genüge: Das Aufkommen der Fahrzeuge – Laster, Taxis, Eselsgefährte und dergleichen – ist rasch angestiegen; die Radfahrer, schon mehr als fünf Millionen, machen sich weiterhin auf den Straßen Pekings breit – zu Recht, wie wir finden: Denn sie sind, nach demokratischen Maßstäben, doch die wirklichen Herren und Damen der chinesischen Fortbewegungsindustrie. Die Straßen werden schmaler, denn die Märkte der privaten Händler genießen einen derart guten Ruf, daß sich ihre Stände hier und da auch schon bis zur Straßenmitte ausbreiten. Die Straßen werden aber auch deshalb schmaler, weil für die vielen Autos ausreichende Parkplätze nicht zur Verfügung stehen. Die wachsende Zahl der ausländischen Würdenträger, die vom Flughafen zum Zentrum gebracht werden müssen, trägt das ihre bei zum Verkehrschaos in der Hauptstadt. Die breiten Straßen werden in solchen Fällen von bärbeißigen Polizisten leergefegt. Und bei den nun auch in Peking grassierenden Marathonläufen beschützen Uniformierte selbst den letzten Teilnehmer vor der unsportlichen Meute, die allein von dem Wunsch beseelt ist, über die Straße und nach Hause zu gehen. Schließlich trägt die Unfähigkeit der Pekinger Polizei, den Verkehr zu regeln, zum Chaos bei. Es gibt zu wenig Verkehrspolizisten, nämlich nur 4200. Wie soll ein einzelner Schutzmann an der Kreuzung „Chang-An"-Avenue und Bahnhofstraße denn Herr werden der hundert Radfahrer, vierhundert Fußgänger, dreißig Automobile, die alle innerhalb einer Minute nach ihren individuellen Regeln die Straße queren wollen? Entweder rudert er wie Chaplin auf seinem hölzernen Depot mit den Armen, oder er ignoriert hinter seiner Sonnenbrille das Chaos. Denn Disziplin ist den Chinesen außerhalb ihrer Familie, ihrer Arbeits-„Einheit" ein Greuel. Das halbe Dutzend Fußgänger-Ampeln in der Hauptstadt etwa – wiewohl es nur selten funktioniert – wird auch bei Rot großherzig ignoriert.

Wird sich das Chaos des Straßenverkehrs in Peking verringern? Wohl kaum. Die Behörden sind bemüht, die Unordnung zu begrenzen. Zwei Ursachen dafür werden sie jedoch nicht ausmerzen können. Erstens: der sanft ansteigende Reichtum der Chinesen wird – genauso wie einst auf der Insel Taiwan – für eine rapide Steigerung bei der Zulassung von

Mopeds und Motorrädern sorgen, die die Luft in den Städten noch mehr verpesten und den Verkehr zum Erliegen bringen. Zweitens: die meisten Chinesen sind sich der Gefahren des motorisierten Verkehrs noch nicht bewußt. Täglich sterben mehrere Menschen in Peking auf der Straße. Die Chinesen betrachten Automobile eher als eine Herausforderung – vergleichbar den jungen Männern in Pamplona, die den Stieren möglichst nahe kommen wollen. Außerdem sind selbst die Bewohner der Hauptstadt, die zum Großteil in immer noch ländlich geprägter Umgebung leben, mit den schnellen, gefährlichen Automobilen noch nicht recht vertraut – ganz zu schweigen von den täglich eine Million „Fremden" vom Land.

Die Regierung strebt nach Besserung. Die „Peking Rundschau" nennt unter anderem: Ausbau der Straßen, Bau von Fußgänger-Überführungen, allmähliche Automatisierung der Verkehrsführung, neue Streckenführung einiger Buslinien, auch Staffelung des Arbeitsbeginns in Fabriken und Behörden zur Entzerrung des Stoßverkehrs. Und die „Peking Rundschau" kündigt drastische Remedur an für das Hauptübel: „An einigen Straßen sollen Barrikaden entlang der Bürgersteige errichtet werden, damit die Fußgänger nicht mehr auf der Fahrbahn gehen, und der Autoverkehr flüssiger fließen kann."

„Ölmäuse"

In China will „Easy Rider"-Stimmung nicht recht aufkommen. Das hat beileibe nicht politische Gründe. Vielmehr werden die Verkehrsplaner und Polizisten der Flut der Statussymbol-Jünger und Kleingewerbe-Treibenden nicht mehr Herr. Für beide Gruppen ist das Fahrrad nicht mehr zeitgemäß, ein Auto aber noch unerschwinglich: Was liegt da näher, als sich auf ein Motorrad zu setzen und mit der Braut oder einer Gemüsekiste auf dem Sozius an gaffenden Nachbarn vorbeizupreschen? Doch gemach. Die Behörden spielen nicht mehr mit. In der Stadt Peking werden Neuzulassungen für Motorräder nicht mehr gewährt. Die Enttäuschung über diese Anordnung ist groß, die Gründe für sie scheinen überwältigend. Unlängst berichtete eine Zeitschrift, daß es in der Hauptstadt jeden Tag zwei Unfälle mit Motorrädern gibt, jeden zweiten Tag stirbt dabei ein Mensch. Die Unfallrate ist doppelt so hoch wie bei anderen motorisierten Fahrzeugen – immerhin knapp vierhunderttausend neben mehr als fünf Millionen Fahrrädern allein in Peking.

Nun ist es natürlich leicht, dem Motorradfahrer als dem zweitschwächsten Verkehrsteilnehmer alle Schuld in die Schuhe zu schieben: im Vergleich mit dem Auto ist er wegen seiner Verwundbarkeit schwach, und die Radfahrer können ihn nicht nur aus Neid, sondern allein schon wegen ihrer schieren Zahl zu Fall bringen. Der Schwächste bleibt wie überall auf der Welt der Fußgänger. Auch kämpft der Motorradfahrer in Peking oder anderen chinesischen Städten auf jedem gefahrenen Meter mit der Schizophrenie: Ist er noch Rad- oder schon Autofahrer? Eine Antwort hierauf können am ehesten diejenigen Motorrad-Lenker geben, die rechts neben sich noch einen blau-weiß gestrichenen Beiwagen mit hochziehbarem Alarmblinker wissen; aber sie zählen nicht recht, gehören die meisten von ihnen doch sowieso schon zu den Mächtigen im Staate, zu Polizei oder Armee. Der „Normale", wiewohl durch seinen sichtbaren Reichtum aus der Masse der Mitbürger herausgehobene chinesische Motorradfahrer jedoch ist mit seiner Zwitterstellung allein: er donnert mit dreißig Kilometern in der Stunde durch enge Gassen, in denen noch viele Bewohner Pekings leben – viel zu schnell für den gemächlichen dörflichen Stil, der hier herrscht. Auf den wenigen großen Straßen, den vogelfreien Stadtautobahnen hingegen bewegt er sich mäandrierend zwischen den weißen Fahrbahnmarkierungen mit ebendiesen 30 Kilometern viel zu langsam – vielleicht aus Angst vor dem Geschwindigkeitsrausch, wegen eines verstopften Luftfilters oder nur deshalb, um den Autofahrern hinter ihm eine Lektion zu erteilen.

Aber die Stadtverwalter Chinas führen noch andere als die oben genannten Gründe für die Unterdrückung der motorisierten Zweiräder an: sie trügen zur ohnehin schon unerträglichen Luftverschmutzung und Lärmbelästigung bei – wiewohl hier die Hauptschuldigen woanders zu suchen sind. Sie verstärkten den unseligen Hang zur Staubildung, unter der viele Verkehrsadern und Kreuzungen der Hauptstadt leiden – wiewohl hierfür eher mangelnde Vorausschau chinesischer Planer verantwortlich ist. Schließlich heißt es, manche erzielten mit ihren Motorrädern durch illegalen Wiederverkauf schnelle Profite, außerdem verschwendeten sie noch Staatseigentum. Wie das? In China gibt es die Spezies der „Öl-Maus", dieses flinken Nagers, der seinen Wirt die Kochöl-Vorräte stiehlt. Ebenso werden Zeitgenossen bezeichnet, die sich auf illegale Weise den Tank ihres privaten Gefährts mit staatlichem Benzin zu füllen verstehen: in der Nähe von Tankstellen werden Benzin-Gutscheine – allein mit ihnen erhält der normale Sterbliche das kostbare Naß – von gewissenlosen Auto-Chauffeuren gegen viel Geld und gute Worte verkauft. Natürlich teilt der Staat diese Coupons den verschiedenen Organisationen zu, um den knappen Treibstoff planmäßig einzusetzen. Doch mancher Geselle, dem möglicherweise individuelle Beweglichkeit wichtiger erscheint als sozialistische Planmäßigkeit, bereichert sich auf eine Art, die zwar auch in China eine lange Tradition hat, jedoch nicht guten kommunistischen Sitten entspricht.

Gegen Umweltverschmutzung, Behinderungen und Gefährdungen durch Motorräder und andere Verkehrsteilnehmer gibt es Mittel, die das Entwicklungsland China im kapitalistischen Ausland lernen kann. Wie aber den „Ölmäusen" begegnen? Am besten wohl durch Einführung marktorientierter Mausefallen.

Die Höhlenschreine von Tatung

Der Buddha in Grotte Nummer zwanzig mit der langen spitzen Nase, dem runden Kinn auf dickem Hals, der faltenlosen Stirn, hat den Mund selig geschlossen wie nach einem Schmatzen; die wimpernlosen Augen schielen geduldig dem nächsten Seelenwohl entgegen. Ja, die Ohren sind riesig, besonders die Ohrläppchen – Zeichen in China für Glück und

Wohlergehen. Doch sonst fehlt dem Sandstein-Mann auf Nummer zwanzig – wir schätzen ihn auf dreizehn, vierzehn Meter Höhe – das chinesische, das indische, ja selbst das von manchen erkannte persische oder gar hellenistische Element. Nun gut, die Hände, die Füße müssen einmal vor langer Zeit auf buddhistische Art gefaltet gewesen sein, doch Verwitterung und Menschen wohl auch haben die Gliedmaßen verstümmelt. Viele kleine Löcher zieren die Arm- und Beinstümpfe. Früher, vor etwa eintausendfünfhundert Jahren, hatten die Künstler dort kleine Teile befestigt, um der grob aus dem Berg gehauenen Figur eine feinere Form zu geben.

Doch lassen wir uns nicht täuschen: Wer die anderen zwanzig Höhlen-Schreine hier in Yunkang, im Wolkenhügel, nahe der nordchinesischen Millionenstadt Tatung betritt, dem geht das Herz auf ob der kaum zu zählenden Buddhas, Bodhisattvas, der mannigfaltigen Verzierungen bis hoch über die Höhlen hinaus. Sie stammen aus einer Zeit, als die Toba-Tataren, Begründer der Nördlichen Wei-Dynastie, hier von 398 bis 493 ihre Hauptstadt hatten – in Tatung, sie hieß damals Pingcheng, „Flache Stadt". Den Wei-Herrschern kam der Buddhismus, der allmählich aus Indien über Zentralasien nach China gelangte, unter anderem auch deswegen gelegen, weil sie mit ihm dem Konfuzianismus und dem Taoismus der „Han"-Chinesen etwas entgegensetzen konnten; Buddhismus wurde Staatsreligion, die Wei-Kaiser wurden wie „lebende Buddhas" geehrt, einige der Statuen in den Höhlen tragen ihre Züge.

Als sich die politischen Mächte Chinas andere Zentren suchten, gerieten die Grotten in Vergessenheit. Erst zu Beginn unseres Jahrhunderts regte sich wieder Interesse an diesen einzigartigen Denkmälern chinesischer Kultur – Spuren dieses Interesses begegnen uns auf Schritt und Tritt: Europäer, Amerikaner, Japaner schlugen hier einen Kopf ab, lösten dort ein Relief aus der Wand – zum Teil nach „Geschäften" mit chinesischen „Besitzern", um sie dann in ausländischen Museen als Beutestücke auszustellen.

Der Besuch lohnt sich dennoch. Überall an den Grotteneingängen hängen Holzbretter: „Fotografieren verboten". Als wir die Gruppe Nummer zwanzig ablichteten, zeigten unten in dem grauen Park drei junge Männer mit grünen Uniformen und roten Spiegeln auf uns – Soldaten. Was genau nun war verboten? In den Höhlen zu fotografieren oder die Schilder „Fotografieren verboten" zu fotografieren? Nach angemessener Frist näherten sich die drei durchtrainierten Burschen. Eine ältere Frau fragte: „Bitte, dürfen wir ein Foto mit Ihnen und den beiden blonden Kindern und den drei Soldaten machen?" „Natürlich, ja gleich hier?" „Nein, ein bißchen nach links, da vor dem Buddha, Grotte zwanzig."

Tatung, Station der Transsibririschen Eisenbahn, 382 Kilometer und knapp acht Zugstunden von Peking entfernt, war einst eine Garnisonsstadt, ein strategisch wichtiger Punkt – knapp südlich der Mauer – bei den Streitereien der Chinesen mit den nördlichen Nachbarn. Heute ist die Gegend eines der wichtigsten Kohlezentren im Reich der Mitte. Selbst die Spatzen in den Gassen sind schwarz. Auf der asphaltierten Landstraße zu den sechzehn Kilometer entfernten Yunkang-Grotten donnern Lastwagen mit Kohle entlang. Eselsgefährte tapern vorüber, die Wagenführer sitzen auf hochaufgeschichteten Kohlebrocken, Anrainer kratzen in Straßenkurven Staub und Stückchen zusammen für den Herd. Die Stadt beherbergt zwei Klöster, eine 600 Jahre alte Keramikwand, auf der neun Drachen gen Himmel fliegen. Tatung – zu übersetzen als „Große Gemeinsamkeit" – beherbergt am Westtor auch ein riesiges, grau gewordenes Bild von Mao Tse-tung; und die Stadt beherbergt einen Chauffeur, der aus Schotterpisten qua Geschwindigkeit Autobahnen macht. Er fährt uns auch hinüber zum Hengshan, dem „Ewigen Berg". Dort, an einer seiner Steilwände, kleben mehrere hölzerne Häuschen, Pavillons, manche nur von mickrigen Baumstämmen vor dem Absturz bewahrt. Eintritt in den erstmals um 500 gebauten „Tempel, der in der Luft hängt": zweieinhalb Yuan – zwei Mark – meint wenigstens der Tempeldiener. Auf unsere Vorhaltungen brüllen die uns freundlich bedrängenden Chinesen: 30 Fen pro Mann und Kopf. Für ein paar Pfennig also ein Blick von schwankenden, achtzig Zentimeter breiten Balustraden hinunter in die granitene Tiefe, hinüber zu anderen Felswänden; rechts lauert ein Staudamm, grau, kalt, gefroren alles.

Vorher aber waren wir in der Sonne, bei Bauern auf einem über tausend Meter hoch gelegenen Lößplateau – die Häuser sind aus Löß gebaut, Ställe in den fruchtbaren Löß hineingegraben. Die zum chinesischen Neujahr mit roten und gelben Ornamenten geschmückten Fensterstöcke strahlen. Früher wurde die Gegend von Hungersnöten heimgesucht, heftige Nordweststürme dörrten das Land aus. Bessere Bewässerung und Aufforstarbeiten lassen heute vornehmlich Hirse, Weizen, Baumwolle gedeihen. Eine Bäuerin beäugt die Fremden durch ihr Fenster, besinnt sich eines Besseren, bringt in Fett ausgelassene Mais-Flädchen heraus. Sie knacken schon beim Zubeißen, schmecken angenehm, hinterlassen einen stumpfen Geschmack auf der Zunge.

Nun packt den Chauffeur verhaltene Wut, nach Yinghsien möchten wir auch noch. Er drückt aufs Gas. Auf einer Brücke dann eine Unmenge von Spatzen – Vollgas: sieben, acht klatschen gegen Kühler und Windschutzscheibe. Wer diese „Rollbahn" nicht mit achtzig fährt, kann höchstens fünfzehn fahren. Nach einer Stunde ist die Pagode zu sehen, die älteste noch bestehende, ganz aus Holz gebaute Pagode Chinas: etwa siebzig Meter ist sie hoch, mit sechs Dächern, neun Stockwerken, gebaut auf einem oktagonalen Grundriß. Links vor dem Gitter, das die Anlage begrenzt, steht ein Esel. Er schreit; davor ein Mann mit Nickelbrille, der sich bei jedem Iah auf die gefrorene Straße kniet, die Hände mit den Flächen zusammenlegt, und einfältig den Fremden beziehungsweise seine Geldbörse anstarrt.

Zurück in Tatung. Im Südwesten ein Kinderpark, gleich neben schwarzen Schloten. Der Park ist neu, Schaukeln und Kleinkarussels sind zerbrochen. Einzig ein MiG-Jagdflugzeug scheint noch intakt, der rechte Flügel ruht auf Backsteinen, Höhen- und Seitenruder sind mit Segeltuch verhängt. Zum Blick ins Cockpit, das russisch beschriftete, geht es über die linke Tragfläche. Vierzehnjährige mit grellen Krawatten haben brennende Zigaretten in den Händen, um Knaller, Kracher, Raketen ohne Unterlaß anzuzünden.

Abschied von Tatung: Die wahrlich nicht hohe Zimmerrechnung im wahrlich nicht luxuriösen Tatung-Gästehaus, in dem 1973 schon Pompidou als Gast des früheren Premiers

144

Tschou En-lai wohnte, bezahlen; hinauf nach Norden zum Bahnhof, dort am eisernen Gitter zu Ausgang vier warten. Draußen auf dem Bahnsteig ziehen schon acht, neun Dreiräder, vollgepackt mit Kohlekörben, vorbei; Der Zug aus Lantschou ist eingefahren, die Männer laden die Kohle an den Waggons ab, die auf diesen Überlandstrecken alle einzeln beheizt werden müsssen. Die Diesellok aber stammt aus Kassel, Jahrgang 1972.

Das Zugpersonal auf Langstrecken gehört zur Elite, was wäre China denn ohne Frauen und Männer, die eben einfach einmal hin und wieder von Lantschou nach Peking fahren? Dreimal im Monat, sagt einer, fährt er hin und her zwischen beiden Städten, viereinhalb Tage Fahrt, fünfeinhalb Tage frei. Seit sechs Jahren ist er zu Neujahr nicht mehr zu Hause gewesen. Die Landschaft ruckelt vorbei, Baumwollstecken, drei Menschen auf dem Fahrrad, Lößhöhlen, dickfellige Ponys, hier und da auf Bergkämmen die Mauer. Auf Bahnhöfen geht das Zugpersonal mit großen Kannen voll heißen Wassers an den Waggons entlang, kippt einen dampfenden Strahl auf Auslaßrohre, die Toiletten sind eingefroren. Schließlich schleicht der Zug enge Kurven hinauf, hält, rollt ächzend in entgegengesetzter Richtung über Weichen, durch Tunnels. Ba-da-ling, der der Hauptstadt nächste Paß, der Mauerdurchlaß für die Fremden aus dem Norden, ist erreicht, der steinerne Tatzelwurm schiebt sich über die Berge, taucht wieder ganz nahe auf, verbrüdert sich mit dem grauen Abendhimmel. Der Speisewagen ist voll besetzt, nur Uniformierte sitzen an den Tischen, Eisenbahnermützen auf dem Kopf, sie schlürfen Weizennudeln in scharfer Hackfleischsoße, wir dürfen mitschlürfen. Durch die Waggonlautsprecher dröhnen Schrammelweisen oder Lieder wie „Moskau bei Mitternacht" in leicht sinisierter Form. Die lange Fahrt ist vorüber, die Stimmung im Waggon wird ausgelassen, hinter den Gardinen der Fenster sind schon die Fabrikvororte der Hauptstadt zu erkennen.

Eisenbahn nach Beiping

Wir wurden stutzig bei dem Wort „Xian-sheng" – "Xian-sheng" wie „Herr". Es war auf der Eisenbahn zwischen Tsingtao und Peking. Das Personal in chinesischen Zügen ist hart, aber gerecht: Selbst in der ersten, der "Weichen Liege-wagen-Klasse" werden nicht viele Worte verloren bei der Verteilung der Teetassen, der Zuweisung der Betten, dem Austausch der Thermoskannen. Nein, unwirsch wäre das falsche Wort für das Verhalten der Damen in Eisenbahner-Uniform; sie behandeln einen wie Oberschwestern: Morgens um sechs schalten sie Licht und Lautsprecher im Abteil ein und haben dabei das süßliche Lächeln auf dem Gesicht mit der ganz und gar unernst gemeinten, gemeinen Frage: „Nun, haben wir schon ausgeschlafen?"

Uns gegenüber saß ein älteres chinesisches Paar, beide sprachen südlichen Akzent. Worüber sie sich unterhielten? Nein, wir pflegen gemeinhin nicht den Gesprächen Fremder zu lauschen; aber trotz der Geräusche der Eisenbahn, die mit vierzig Kilometern in der Stunde durch die Nacht rauschte, blieb uns nichts anderes übrig, als zuzuhören. Die Dame jammerte ihren Mann von Mitternacht bis in die kleinen Stunden des Morgens immer lauter an – nicht weil er schwerhörig gewesen wäre; vielmehr schien die Frau erregt. Der Mann mit kurzem grauen Haar – vielleicht ein pensionierter Schulrektor – hatte während der Nacht ehrfurchtgebietend geschnarcht. Er hatte sich – nachdem die fürsorgliche Bahn-Beamtin die Klima-Anlage abgestellt hatte, an seiner Reisetasche zu schaffen gemacht, einen Fächer herausgezogen, seine Brust befächelt. Die Luft in dem Abteil war stickig, unerträglich geworden. Er hatte dröhnend gehustet, die Luft angehalten, war von seiner Liegestatt im ersten Stock heruntergestiegen, den Gang entlang gegangen, er hatte ausgespuckt in den Eimer im Waschraum, er war zurückgekehrt und hatte sich mit dem Handrücken den Mund abgewischt. – Worüber sie nun redeten? Über mangelnde Flugverbindungen, über diese Rückständigkeit hier, über die ewige Bevormundung durch penetrante Genossen, die zu wissen glaubten, was für ihre

Landsleute richtig ist, auch über die Stadt Beiping. Wie bitte? Beiping?

Und dann, des Morgens, glitt die Abteiltür zur Seite, der von den vielen Frühaufstehern verursachte Toiletten-Brodem drang herein, die „Schwester" der chinesischen Staatsbahn betrat die Zelle und sprach plötzlich – fast ehrfürchtig – das Wort aus: "Xian-sheng". „Herr!" Nein, sie meinte nicht uns, sie blickte den würdigen Chinesen an, dessen nackte Füße bereits in den von der Bahn bereitgestellten „Hausschuhen" aus lederähnlichem Plastik steckten. Uns hätte sie vielleicht mit „Wai-bing" – „ausländischer Gast" angesprochen – Euphemismus für Großnassen mit Portemonnaie. Ein Herr. Nun, Sie werden schon erraten haben, warum eine harte, aber gerechte Eisenbahnerin im kommunistischen China einen Landsmann mit Herr – und nicht mit Genosse – anspricht. Richtig: das Ehepaar stammte von der Insel Taiwan. Dort regieren die Nationalisten, die Erzfeinde von ehedem, denen aber heute Peking den Hof macht. Man möchte sich wiedervereinigen. Die „Brüder und Schwestern" auf der anderen Seite der Formosa-Straße sind wohlhabend geworden, diejenigen auf dem Festland aber gehören wegen katastrophaler maoistischer Politik in der Vergangenheit weiterhin zu den Ärmsten auf der Welt. Heute aber sind die Genossen angewiesen, die Landsleute von der Insel Taiwan mit Seidenhandschuhen anzufassen – ganz anders als ihre eigenen Landsleute auf dem Festland. Die Führung in Peking verfolgt mit dieser weichen Attitude politische und wirtschaftliche Ziele.

„Herr". Wir haben das Gespräch nicht mehr verfolgt, uns vielmehr auf den Weg in den Raum des Waggon-Tyrannen mit Schaffner-Mütze begeben, ihn zu bitten, zu überzeugen, die Klimaanlage doch wieder anzuwerfen. Er bequemt sich aufzublicken, mustert uns nachhaltig, rückt endlich einen Schalter nach oben, beobachtet das Voltmeter. Und siehe da: Auf einem namenlosen Bahnhof in der ostchinesischen Tiefebene kehrte Kühle ein im Waggon. Auf dem Bahnsteig prangte das Plakat mit den Schönschreib-Zeichen: „Die Volks- Eisenbahn für das Volk". Im großen China ziert jeden Bahnhof, dessen Vorsteher sich für Plakatwände erwärmen kann, das Schild von der Volkseisenbahn, die für das Volk da ist.

Zurück ins Abteil. Die Dame hatte Rouge aufgelegt. Nun zog sie ihre Augenbrauen nach, schürzte ihren westlichen Rock, um die über die Beine verteilten Stichwunden der Mücken besser kratzen zu können. Sie möchte sich nun auch mit uns unterhalten, weiß sie doch seit unserer harten, aber gerechten Aufforderung nach Mitternacht, ihre Stimme zu senken, daß wir ihrer Sprache mächtig sind. Woher, wohin – das übliche. Für sie sind wir Amerikaner – das kennt man aus Taiwan. Blaue Augen, helle Haare – Amerikaner. Blick aus dem Fenster, die Landschaft rollt vorbei, mitten in den fettesten Feldern immer wieder Erdhügel, es sind Gräber; die ehrenwerten Vorfahren nehmen den Lebenden selbst noch im Tod fruchtbaren Ackerboden weg. Bauern mit Hacken, Bauern in der Hocke. Die Dame fragt, haben denn die hier überhaupt keine Maschinen? Das ist ja alles so rückständig! Sie wollen Verwandte besuchen, nach vier Jahrzehnten zum ersten Mal wieder sehen. Später wollen sie von Beiping nach Hongkong fliegen, aber es ist ja so schwer, Plätze zu buchen. – Schon wieder Beiping: Name der chinesischen Hauptstadt, als sie noch nicht Hauptstadt war. „Bei-ping" – „Nördlicher Friede"; seit 1949 wieder „Bei-jing" – „Nördliche Hauptstadt". Und die Nationalisten auf der Insel Taiwan erkennen ja die Regierung in Peking nicht an, also bleibt es dort bei Beiping. Alles so rückständig hier, sagt die Dame wieder und blickt uns verständnisheischend an. Wir erzählen ihr, was uns ein Taxifahrer in Tsingtao fragte, gleich selber auch beantwortete. „Warum ist das Festland so arm, Taiwan aber gehört schon zu den wirtschaftlichen Größen auf der Welt? Das liegt alles an Mao, an der Kommunistischen Partei. Richtig, Tschiang Kai-shek war nicht wohlgelitten. Sein Sohn aber genoß Ansehen, jetzt haben sie einen guten neuen Präsidenten dort auf der Insel. Wir hatten hier auf dem Festland dreißig Jahre Chaos, das wurde Großer Sprung, Kulturrevolution genannt. Gut, Deng Xiao-ping meint es ernst mit der Öffnung, der Reform, aber er ist alt. Es wird lange dauern bei uns". „Ach so", sagt die Dame und kratzt sich selbstvergessen, nun am Ellenbogen.

Der „Herr" kommt herein, schlürft seinen Tee. Beide gehen hinaus auf den weiterhin nach Kloake duftenden Gang. Sie sprechen mit Leuten aus anderen Abteilen, man kommt sich näher. Eine alte Nord-Chinesin sagt: Wir sind doch alle eine Familie, von einem Blut; die Dame nickt andächtig. Ein Alter mit enormen Brustkorb meint: Wir auf dem Festland sind noch sehr rückständig. Ach was, sagt die Dame nun plötzlich, wir auf Taiwan sind auch nicht besser dran. Ein Jüngling mit schwarzen Füßen teilt mit, bis Peking seien es noch zwanzig Minuten. Und der Dame kommt nun das Wort „Bei-jing" ohne Scheu über die Lippen – „Bei-ping" ist vergessen, vorerst.

Mumien und Rechenbretter

Die Bürger Schanghais sind bekannt als „kleine Rechenbretter", als Menschen also, bei denen der Abakus im Kopf gerne klappert. Die liebenswürdige Art, die Welt vornehmlich in Gewinn- und Verlustzonen einzuteilen und den Nutzen vom Schaden zu trennen, hat kürzlich eine seltene Frucht hervorgebracht. Die Herren Li und Lu aus der Stadt Nantschang, so berichtet es die in Schanghai erscheinende „Befreiungszeitung", haben sich aus dem Geschichts-Museum der Metropole Schanghai zwei Mumien ausgeliehen – einen Mann, 1964 ausgegraben, und eine Frau, fünf Jahre später zurückgeholt ans Licht der Welt. Beide stammen aus der Ming-Dynastie (1368-1644). Die Mumien wurden herumgezeigt, der Yuan floß, die beiden Mumien-Unternehmer zahlten zusätzliches Geld an das Museum und an eine Wissenschafts- und Technik-Vereinigung in Schanghai, die behilflich gewesen war bei dem illegalen Mumien-Leihgeschäft. Dann aber geriet der Lastkraftwagen, der die Mumien transportierte, in Brand: die beiden Herrschaften aus der Ming-Dynastie wurden angesengt. Was daraufhin mit den bemitleidenswerten Mumien geschah, erfahren wir nicht aus der „Befreiungszeitung". Konnten sie nach dieser haarsträubenden Episode endlich wieder Ruhe finden? Doch die „Befreiungszeitung" ist großherzig, sie verrät uns noch: vier andere Mumien seien von dem Museum vor geraumer Zeit an die Stadt Nantschang verliehen worden, „und keiner weiß, wo sie sind". Man sollte in Schanghai die Rechenbretter verbieten.

Autofahren in China

Von Tientsin nach Peking ist es nicht weit, 117 Kilometer. Die gut befestigte Landstraße wird durchweg von Bäumen gesäumt, die hier und da schon ihre Äste über der zehn Meter breiten Fahrbahn zusammenbringen. Langeweile entsteht nicht auf der Strecke; leichte, wiewohl wegen Erdhügeln oder aufgeschichteten Strohballen unübersichtliche Kurven schneidet man besser nicht, donnern doch die Fernfahrer mit ihren Vieltonnern noch rücksichtsloser zurück nach Tientsin als wir in anderer Richtung in die Hauptstadt. Hundert zeigt der Tachometer, siebzig sind erlaubt. Bauern auf Fahrrädern schaffen ihre Früchte zum Markt, im Korb rechts neben dem Gepäckträger hängen vierzig, fünfzig Kilo, der sehnige Fahrer sucht Balance, er lehnt sich weit nach links, kämpft sich vorwärts wie ein Trunkener im Sturm. Hört er unsere Hupe? Eselsgefährte sind unproblematisch. Vorsicht vor Paaren im Gespräch, vor Schülern am frühen, glastigen Nachmittag, vor Zicklein; Vorsicht, dies ist allerdings eine Binsenweisheit, vor brunnentiefen Löchern in der Fahrbahn, auch vor gefährlichen Bahnübergängen.

Einhundertsiebzehn Kilometer. Zuvor auch noch 63 Kilometer vom „Neuen Hafen" Hsin-kang am Meer bis in die kleinste der drei regierungsunmittelbaren Städte Tientsin, die beiden anderen sind Peking und Schanghai. Eine vierbahnige Autospur ist schon durch die Landschaft gezogen. An der Pohai-Bucht riecht es nach Fisch, nach Salz – zwanzig Minuten später Staub zwischen den Zähnen, Auspuffgase der schweren Straßenbaumaschinen im Gesicht. Rechts neue Bauernhäuser aus Backstein im alten Stil, die Fenster zum Hof nach Süden ausgerichtet, auf fast allen Dächern Fernsehantennen – in der Nähe der Häfen sind Luxusgüter selten rar. Die bisher erst auf zwei Spuren befahrbare Bahn wird eng, ein Radler ist darauf eingeschlafen, den Kopf auf den im warmen

Asphalt ruhenden Sattel gestützt, die Füße unter den Pedalen gekreuzt. Warnzeichen! Die Straße hört auf, es geht durch Geröll, durch Pfützen – am Morgen regnete es stark. Sind unter dem Wasser Krater verborgen?

Das Auto war mit dem Schiff nach Hsin-kang gebracht worden. Der Zoll wollte seine Formalitäten erledigt sehen, zuerst derjenige in Peking. Gut. Um 6.33 Uhr verläßt der erste Zug den Bahnhof der Hauptstadt in Richtung Tientsin, für den Ausländer kostet die Fahrt etwa zwölf Mark, für den Chinesen etwa sieben Mark im weichen Abteil – Vorzugspreis der chinesischen Staatsbahn für den Landsmann. Wir haben Glück: Kurz nach acht empfängt uns Herr Li Te-you vom Reisebüro in Tientsin – sein Vorname Te-you läßt sich frei übersetzen als „Freund der Deutschen". Der großgewachsene Mann mit dem heftigen Shandong-Akzent – viele gutturale „R" schließen die einzelnen Worte – fährt uns in seinem Taxi zur Verkehrspolizeistation für die Hafenregion; für zwanzig Pfennig erhalten wir einen Zettel, der uns berechtigt, bei dem Hafenzollamt um die Einfuhr des Fahrzeugs nach China zu ersuchen. Dort legen wir den vom Zollamt in Peking versiegelten Brief vor, er wird geöffnet, ein schmallippiger Herr mit schütterem Haar prüft auch die uns vorher beim Transportagenten ausgehändigte Papiere, meine Ausweise. Er drückt auf einem Taschenrechner amerikanischer Herkunft hin und her, läßt eines der Mädchen – auch es bewehrt mit Schulterstücken des chinesischen Zolls (ein güldener Schlüssel, gekreuzt mit einem Vogelkopf – oder ist es eine Klaue des Vogels Greif?) – auf dem zuverlässigen Abakus nachrechnen. Ja, bitte 30000 Mark. Wie bitte? Für Zoll allein soviel Geld? Jaja, hundert Prozent Einfuhrzoll, außerdem noch einmal auf den Neupreis des Autos plus Zoll zusammen fünfzehn Prozent Gebühr für die Verbesserung der Straßen des Reiches der Mitte.

Zumindest die Trasse zwischen Tientsin und dem „Neuen Hafen" brauchte dringend freiwillige oder unfreiwillige Finanzspritzen; aber soll der Ausländer gleich auch noch für die vielen Lehm-Highways bluten, die er sowieso nicht befahren kann? Er darf ja nur die Straßen in Peking und zwei Überlandstraßen benutzen. Die übrigen hunderttausend Straßen sind ihm durch Gesetz verschlossen. Doch der ganze Charme, viele Überredungskünste helfen nichts. Der schüttere Herr möchte Geld sehen, Bargeld – denn mit Schecks der Bank von China kommt hier am Hafen von Tientsin niemand zu seinem Auto. Wir öffnen die vorausschauend gefüllte Tasche, schieben drei Bündel über den Tresen, werfen zwanzig dunkle Scheine nach und einen roten: die gewichtigste Banknote ist einhundert Yuan wert, mit Glück verdient ein Arbeiter monatlich soviel.

Im Frühjahr schon hatten wir uns nach den Einfuhrzöllen für Autos erkundigt, im Hauptzollamt in Peking. Frage: „Wieviel muß ich denn bezahlen?" Antwort: „Ja, mei" – „Ach so, wer weiß das denn?" „Ja, keiner wohl." – „Kann ich bitte die entsprechenden Vorschriften sehen?" „Nein" – „Warum nicht?" „Die gelten nicht mehr." „Gibt es denn neue?" „Ja, übermorgen." „Darf ich mal einen Blick hineinwerfen?" „Nein, die sind noch nicht gedruckt." Beide unisono: „Hahahaha."

Nach einigen kleinen Irrfahrten – „Hsin-kang" ist der größte Container-Terminal der Volksrepublik China – finden wir die Halle, in der das Auto abgestellt ist; auch die Schlüssel sind zur Stelle, nur der Motor will nicht anspringen, die Batterie ist leer. Also wuchtet der gute Te-you seine Batterie herüber, sie will natürlich nicht recht in das andere Modell passen, irgendwie schafft er es dennoch. Inzwischen haben sich zwanzig Arbeiter eingefunden, sie begutachten die Radkappen, das Handschuhfach, einer deutet auf die Digitaluhr und fragt, ob sich dahinter ein Fernseher verberge.

Der Rest ist ein Kinderspiel. Gebühr für die Aufbewahrung in der Halle zahlen – Tor fünf, Gebäude vier. Noch einmal beim Zoll das Fahrzeug vorstellen. Zurück zur Polizei, Motor- und Chassis-Nummer angeben, links und rechts blinken, Bremslichter an, hupen. Dann setzt sich der Polizist – er wollte vorhin ausländische Zigaretten nicht annehmen, ein schlechtes Omen? – selbst hinein und fährt von hinnen. Nach zehn Minuten ist er zurück, alles o.k., wieder in die Dienststube, zwei Yuan zahlen für die Überführungsschilder aus Papier, sie werden mit Leim innen an die Scheiben geklebt. Rasch zur Tankstelle. „Was, Sie haben keine Coupons? Dann bekommen Sie auch kein gutes Benzin." Das „gute" hat 85 Oktan, das normale ist für den ausländischen Motor nicht gut genug. „Ja, wie soll ich denn dann nach Peking kommen?" „Das ist Ihr Problem", sagt die junge Frau – und hätte damit auch beinahe recht; aber irgendwie geht es immer wieder. Nun nur noch die Versicherung für die Fahrt nach Peking abschließen, das Büro liegt in einer holprigen Hintergasse in einem zehn Quadratmeter großen Raum, drei Schreibtischchen darin. Geld bezahlen, Formular einstecken. Als der Versicherungsagent meint, er müsse nun erst noch eine Probefahrt mit dem versicherten Auto unternehmen, meine ich, er müsse das nicht.

Zum ersten Mal also Autofahren in China. Die Regeln kennen wir nicht, wenn wir auch einen plastikroten Führerschein in der Tasche haben. Wie wir dazu kamen? Im „Hauptstadt-Krankenhaus", Abteilung Ausländer, sechster Stock, wird Ihnen eine Stimmgabel an den Schädel gehalten, das linke, dann das rechte Auge mit einem riesigen Aluminiumlöffel zugehalten. Sie müssen gut hören und sehen können. Schließlich durften wir uns von einer charmanten Dame mit besten Englischkenntnissen den Blutdruck messen lassen: Sie stellte rechts einen höheren (wenn auch normalen) Druck fest als links – der Körper wird sich forthin darauf einrichten müssen. Das Attest tragen wir hinunter in die Südstadt zur Polizistin, die streng blickt, den Stempel zückt, das Foto klebt, den Ausweis händigt.

In Tientsin wird es erst einmal eng. Auf einer großen Kreuzung, die Ampel zeigt Rot, lehrt uns der gute Li den ersten Überlebenstrick im Spiel mit den in weiß leuchtenden Häuschen verborgenen Verkehrsbeamten: Das Rauchen im Volant ist verboten – die schon im Mund steckende Zigarette oder Pfeife muß also kurzfristig in den nicht einsehbaren Teilen der Karosserie verschwinden. Herr Li lehrt uns zweitens: Am Hupen nicht sparen. Denn bereitet es nicht Spaß, zusammen mit den Klingeln der Fahrräder einzustimmen in den Chor der Verkehrsteilnehmer, die sich bedrängt fühlen von den anderen vieltausend Pedalisten, Dreirädern, Motorrädern, Autobussen, Lastern, Eselgefährten, Schubkarren, Kinderwagen und natürlich Fußgängern, die alle die Fahr-Straße bevölkern? Drittens (das aber ist schon ganz allein auf unserem Mist gewachsen): Immer voll draufhalten, allerdings höchstens mit fünfzehn Kilometern in der Stunde, auf das Meer der Radfahrer, es wird sich schon teilen.

Hinaus aus Tientsin also, hinaus auf die nach Pappeln, Erde, Weizen duftende Landstraße, 117 Kilometer bis Peking. Noch Staub zwischen den Zähnen, das Fenster herunterkurbeln, eine Flasche Cola öffnen – nun fehlten eigentlich nur noch die Beach Boys, die Peking Oper aus dem Radio tut es aber auch. Nach einer Stunde halten wir an, Bauern bieten an der Straße Wassermelonen feil, es riecht nach Regen. Fachmännisch beklopfen wir die Früchte mit dem Mittelfinger, fachmännisch begutachten die Händler das Klopfen des Fremden, ohne die Miene zu verziehen. Sieben kleine Melonen für 3,40 Mark.

Noch dreißig Kilometer bis Peking. Der Himmel hat sich zugezogen, es nieselt. Wo ist der Hebel für den Scheibenwischer? Es wird stockdunkel, Maultiergefährte tauchen plötzlich aus dem Asphalt, aus Hecken auf. Abblendlicht an: Busse beschweren sich mit grellen Aufblendbirnen, Standlicht aus, Fahrradfahrer, Erdhaufen, Schlaglöcher huschen vorbei am rechten Kotflügel. Schließlich die Erlösung: Seit langer Zeit, so heißt es hinterher, habe man eine derartige Wassermasse in der Region Peking nicht mehr vom Himmel fallen sehen. Die Straßen sind frei, Busse, Fußgänger, Radfahrer, Autos suchen Schutz am Straßenrand, unter Bäumen, acht Fahrspuren stehen zu unserer alleinigen Verfügung, wir rauschen durchs Tor in unser Ausländerghetto hier in der Hauptstadt, nach 117 Kilometern und drei Stunden.

DAS REICH DER MITTE?

„Zhong-guo" – Reich der Mitte: Unter diesem Namen ist uns Europäern auch heute noch China geläufig. Hinter einer derartigen Bezeichnung steckt ein starkes Stück Ethnozentrismus. China hat sich über viele Jahrhunderte hinweg als Zentrum der Welt betrachtet, bis vor einiger Zeit zu Recht. Das chinesische Kaiserreich war einst die beherrschende Macht in den von seiner Hauptstadt aus überschaubaren Regionen. Die Nachbarn wurden allenfalls als Tribut zahlende Barbaren betrachtet, denen an einem ihnen günstigen Handelsaustausch mit dieser Kulturnation gelegen sein mußte, auch an deren bürokratischen und technischen Weisheiten.

Dies änderte sich erst Mitte des vergangenen Jahrhunderts, als westliche, dynamische Mächte die in China immer wieder einmal auftauchenden Schwächen – Korruption, Vernachlässigung für die Bauernschaft lebenswichtiger Aufgaben, mangelnde Anpassung an neue Zeitläufe – ausnutzten, um sich Teile des Reiches der Mitte einzuverleiben. Sie besetzten – nach erzwungenen Verträgen – wirtschaftlich bedeutende Küstenregionen, bauten die Infrastruktur aus, erzielten dank billiger chinesischer Arbeitskraft enorme Gewinne. China, das Reich der Mitte, kapitulierte. Die fremden Teufel wurden gefürchtet, aber auch bestaunt: Lange Zeit waren westliche Worte Balsam in den Ohren chinesischer Intellektueller, die ihrem Lande einen ebenbürtigen Stand unter den großen Nationen dieser Welt wünschten.

Die Revolution und der Kampf Chinas gegen die japanischen Invasoren in den dreißiger und vierziger Jahren und dann im Schatten des Zweiten Weltkrieges hat vielen Chinesen Selbstbewußtsein verschafft, die Bedeutung Chinas in der

Welt allerdings nicht erhöht – zu sehr waren die westlichen demokratischen Mächte und Stalin mit ihrem Triumph über Hitler-Deutschland befaßt. Das neue, das sozialistische China, das aus dem Bruderkrieg im Lande hervorging, orientierte sich dann an der Sowjetunion. Dies bekam dem Lande nicht, weil Moskau damals nicht gewillt war, abweichende Meinungen zu dulden, die zu Selbständigkeit hätten führen können. Der Bruch war unvermeidlich. Das Reich der Mitte isolierte sich wieder. Es suchte nach seinen eigenen Stärken, die sich nicht recht einstellen wollten. Der „Große Sprung nach vorn" Ende der fünfziger Jahre, kurz vor dem Bruch mit Moskau, führte zum Desaster. Die „Kulturrevolution" Mitte der sechziger Jahre war dann die bislang letzte von einem starken Nationalstolz getragene Aufwallung, in der die Einzigartigkeit des chinesischen Volkswillens manifestiert werden sollte. Auch sie geriet zur Katastrophe.

Heute nun bestehen anerkannte chinesische Sozialwissenschaftler darauf, China nicht mehr als das Reich der Mitte zu betrachten. China müsse von anderen Ländern all das lernen, was theoretisch, ideologisch, kulturell und vom Wissen her dem eigenen Land von Nutzen sein könnte. Die Chinesen müßten auch begreifen, daß ihr Land selbst in den Wissenschaften von der Gesellschaft heute nicht mehr der Mittelpunkt der Erde sei, schrieb ein Mitglied des Instituts für politische Wissenschaften der Akademie der Sozialwissenschaften in der hauptsächlich von Intellektuellen gelesenen, in Schanghai erscheinenden Zeitung „Wen Hui Bao".

Nun sind derartige Aufrufe, vom Ausland, dem westlichen, zu lernen, nicht neu. Bereits Ende des 19. Jahrhunderts übergaben um China besorgte Politiker dem kaiserlichen Hof Denkschriften, in denen die Notwendigkeit erwähnt wurde, zur Erhaltung des chinesischen Wesens sich in einer Zeit intensiverer internationaler Kontakte – und Pressionen – ausländischen Wissens zu bedienen. Gedacht war damals vor allem an Militärtechnik, an das Gesundheitswesen, an industrielle Produktionsmethoden, an eine Verbesserung der Transportwege. Die Uneinsichtigkeit der Kaiserin-Witwe, Wirren im Lande, eine korrupte Bürokratie, Einmischungen von außen verhinderten, daß vernünftige Vorschläge in die

Tat umgesetzt wurden. China wurde zu einem Entwicklungsland, das es bis zum heutigen Tage geblieben ist – und als das es sich, trotz aller Fortschritte, bei Verhandlungen mit wirtschaftlich starken Partnern gerne darstellt. Neu aber ist, daß ein chinesischer Wissenschaftler seine Landsleute auffordert, China nicht mehr für den Nabel der Welt zu halten. Sicherlich ist den vielen hundert Millionen Bauern gleichgültig, was außerhalb der Grenzen ihres Kreises vor sich geht; für sie ist – trotz des Fernsehens – ihr Dorf der Angelpunkt. Sicherlich ist vielen Professoren, Technikern, Modeschöpfern oder Taxifahrern seit langer Zeit klar, wie überlegen ausländische Organisationsformen und Produkte denjenigen Chinas sind. Doch die Bewohner des „Reichs der Mitte" besaßen bislang die einzigartige Auszeichnung, einer seit vielen tausend Jahren lebendig gebliebenen großen Kulturnation anzugehören. Und viele haben sich nach 1949 durch Einigelung und ideologisch verbrämte Überheblichkeit verleiten lassen, das Bewußtsein von der eigenen Überlegenheit, das einst begründet gewesen war, weiter mit sich zu schleppen.

Der Anprall aber, dem sie nun seit einigen Jahren im Umgang mit der Außenwelt ausgesetzt sind, ist nicht geeignet, eine chinesische Herrlichkeit zu fördern. Hier lauert eine Gefahr, die welterfahrene Führer in Peking wohl kennen: Zaghafte, engstirnige Politiker wünschen sich ein armes, ein fügsames Volk. Ihnen sind Querdenker – sowohl in Wirtschaft als auch Politik – gefährlich. Die aber braucht China, um sich aus seiner selbstverschuldeten Rückständigkeit zu befreien.

AUSBLICKE

Vor vielen Jahren kam ich in das Außenministerium zu Peking, zum ersten Male. Gleich fühlte ich mich in vertrauter
Umgebung. Es lag am Geruch: Der feine Duft von Chrysan-
themen in irdenen Töpfen, von Jasmin-Tee in Tassen mit
Deckeln. Von sauberen roten Läufern mit Flecken. Der
Mensch gehorcht zuallererst seiner Nase, seinen Ohren,
danach erst seinen Augen. Der Geruch des Außenministe-
riums: wie zuvor schon im Palastmuseum in Taipei, wie
später in den Ausstellungshallen der Kanton-Messe, in den
Zugabteilen der ersten Klasse. Dieser Duft, der eine europäische Nase an die Hoffnung auf einen Frühling gemahnt: geht
er China in dieser Zeit verloren?

Der Duft Chinas: Geruch nach Mottenpulver, nach
Schweiß in den überfüllten Bussen zu Beginn des Winters;
beißender Brodem in den öffentlichen Toiletten, auf denen
fast alle Städter sich zu entleeren gezwungen finden; das Par-
füm von Mandarinenhainen an Hügeln, deren Glast in die
Ebene und hinunter zum Fluß zieht; Gischt am Meer, die die
Haare verklebt; in der Sonne trocknende Pfeffer-Stauden,
deren milder Hauch sich in Bergdörfern mit dem Qualm von
brennendem Bambus vermengt; der aromatische Staub beim
Worfeln, wenn der Reis von der Spreu getrennt wird; Moder
in alten Grotten, Weihrauch in wieder geöffneten lamaistischen Tempeln.

Über allem aber lagern die Schwaden des modernen China:
Die chemischen Formeln sind uns nicht vertraut. Aber die
Städte stinken, die Luft dort macht unfrei, die Hospitäler
sind überfüllt. Das kostet Geld. Aber keiner kümmert sich;
denn das große Reich soll erst einmal aufschließen zu denjeni-

gen Nationen, die die Industrie erfunden haben. China ist lernbegierig, wiederholt auch gern Fehler. Und die Führung ist kurzsichtig, wenn sie die Bevölkerung dem Krebstod überantwortet.

Der Duft Chinas. Er zog die Weltverbesserer früherer Zeiten an. China – das Paradies, das arme – war über Jahrhunderte, aber auch noch im vergangenen Jahrzehnt, Tummelplatz all derjenigen Weißen, die ihre Gesellschaften ändern wollten – und dafür ein fernes Beispiel benötigten. Sicherlich gab es Ausländer, die dem Reich der Mitte ihre Fertigkeiten überließen. Ärzte waren es hauptsächlich, wie George Hatem, einige Journalisten – Edgar Snow, Graham Peck. Doch sie sind tot. Oder sie sterben aus. Ältere Chinesen erinnern sich ihrer, möglicherweise sogar in Dankbarkeit. Haben diese Ausländer doch keinesfalls in China ihre blaue Blume gesucht, sondern Aussätzige kuriert, sich der undankbaren Aufgabe gewidmet, anderen „zivilisierten" Völkern nahezubringen, daß selbst im fernen China Menschen leben, die essen wollen, die lieben und nicht gerne sterben.

Diese Ausländer aber waren auf verlorenem Posten, aus zwei Gründen. Den Chinesen ist der Gedanke der christlichen Nächstenliebe fremd – Langnasen mit sozialer Ader wurde zumindest Eigennutz, wenn nicht gar Agitation für fremde Mächte unterstellt. Zweitens sind viele dieser weitsichtigen Menschen – weitsichtig dank ihrer Einsicht in das chinesische Leben – in der eigenen Heimat verfemt worden. Der amerikanische Diplomat Jack Service etwa, der lange vor 1949 seine Regierung leidenschaftslos über die Chancen der Kommunisten unterrichtete, wurde deswegen später von McCarthy gejagt.

Und heute? Jeden, der seine Arbeit in China selbstkritisch betrachtet, wird nach einer Weile der Faszination, des Wohlwollens irgendwann ein Gefühl der Vergeblichkeit angesichts der Naivität nachströmender Landsleute überkommen. Sicherlich ist es anrührend, in Provinzstädten deutsche Meister zu treffen, die sich dort um Holzveredelung, um Wärmedämmung verdient machen, denen dabei der Pioniergeist von der Nase trieft, in vielen Nestern des Reiches läuft man solchen Deutschen über den Weg. Sicherlich ist es auch verdienstvoll, wenn sich Journalisten durch bürokratisches Dickicht zwängen, den normalen Bürger nach der Inflation befragen, um dem Leser daheim die Nöte, die Anliegen der Chinesen nahezubringen. Aber das Gewebe, das dabei entsteht – Freundschaften, die zu einem, wenn auch groben „China-Bild" beitragen – wird immer wieder von Politikern in Peking brutal zerrissen, zuletzt im Juni 1989. China war bis dahin froh über jede Art von Berichterstattung, die das Land in westliche Zeitungen brachte – egal, ob es sich dabei um sogenannte negative oder wohlwollende Meldungen handelte. Denn der Führung war klargeworden, wie wenig ihr im internationalen Umgang die zu Zeiten Mao Tse-tungs betriebene, von Maoisten im Westen nachgebetete Propaganda diente bei Auseinandersetzungen zwischen ausgekochten Handelspartnern, die schnell auch die Schwächen der anderen Seite ertasten können. Und die Führung wollte weg vom gipsernen Kommunismus, der den Lebenswillen des Volkes seit vier Jahrzehnten nun schon beeinträchtigt.

Diese neue Einstellung brachte natürlich größere Freiheiten für Ausländer, auch für Berichterstatter, mit sich. Kritische Fragen waren möglich, wurden auch kritisch beantwortet – nicht nur von dem sprichwörtlichen Taxifahrer, sondern auch von Funktionären, Fabrikdirektoren. Sie scheuten sich nicht mehr, ihren Namen in ausländischen Publikationen abgedruckt zu sehen; denn es gab in China auch eine Tageszeitung, die nur Meldungen aus dem Ausland über das Reich der Mitte brachte – und damit eben auch die Kritiker aus den eigenen Reihen vorführte. An diesem Zustand einer neuen Öffentlichkeit hatte auch die konkurrierende Sowjetunion ihren Anteil – denn China wollte für die westliche Welt eine aufgeklärte sozialistische Nation sein.

Die chinesischen Zeitungen, das Fernsehen versuchten sich als kontrollierende Macht, die dem Lande ja wegen fehlender Oppositionsparteien bisher unbekannt ist. Lügen waren an der Tagesordnung. – Heute, nach den Massakern, wird schamloser noch gelogen. Die Chinesen sind angesichts der Verhältnisse apathisch, die Intellektuellen zynisch geworden. Politiker verkünden Öffnung, Erneuerung. Andere Politiker zerstören anderntags aufkeimende Hoffnungen.

Lohnt sich die Mühe – die Mühe der Chinesen, sich mit ausländischen Berichterstattern herumzuplagen, die Mühe der Ausländer, sich mit der chinesischen Bürokratie abzuplacken? Lohnt dies alles die Mühe, um zum Beispiel die Vorurteile der Europäer gegenüber den Chinesen, den Asiaten allmählich abzutragen, und umgekehrt? Wie oft sind wir in China – nicht nur auf der Insel Taiwan – gefragt worden nach den Verdiensten Hitlers. Unsere dezidierte Meinung wurde meistens mit einem wohlwollenden Lächeln quittiert, nach der Art: Nun seien Sie doch bitte nicht so bescheiden – und dem Hinweis, Hitler habe schließlich Deutschland stark gemacht.

Es ist eine Illusion zu glauben, die Völker kämen sich näher. Schon Franzosen und Deutsche haben da bei dem immer wieder vorgetragenen hehren Anspruch ihre Schwierigkeiten. Ähnlich ergeht es auch Tibetern und Chinesen, die zwar in derselben Nation leben, sich gegenseitig aber nicht ausstehen können. Und all die Trinksprüche auf eine deutsch-chinesische Freundschaft sind allein Trinksprüche – nicht mehr. Es widerstrebt uns, derartige Binsenwahrheiten auszusprechen: Aber der heftige Ernst, mit dem deutsche „Pioniere" und ihre gewählten Repräsentanten in China Gemeinsamkeiten beschwören – um danach vielleicht über einem Glase deutschen Bieres die Rückständigkeit „des Chinesen" zu belächeln –, taugt nicht viel.

China ist ein äußerst armes Entwicklungsland. Die chinesische Industrie wird frühestens in einem halben Jahrhundert so weit sein wie diejenige der Bundesrepublik heute. China wird in naher Zukunft nicht neben den Vereinigten Staaten und der Sowjetunion eine Weltmacht werden – wenn uns dies auch gern globale Redner wie Schmidt oder Kissinger weismachen wollen. Dazu fehlt dem Land die Infrastruktur; dazu fehlen dem Land erschlossene Ressourcen – anders als etwa der Sowjetunion. Für den Umgang mit diesem riesigen Reich mit seinem Bevölkerungskoloß, mit seinen enormen wirtschaftlichen Schwierigkeiten empfiehlt sich nicht eine unterwürfige Haltung vor der zweitausend Jahre alten Kultur. Aber auch Überheblichkeit im Angesicht der großen Probleme Chinas ist nicht angebracht.

Deutschland kann China bei der Modernisierung helfen – und dabei Geld verdienen. Dem Land fehlen Straßen, Eisenbahnen, Flugplätze – ja selbst eine vernünftige Planung für sie ist noch nicht zu erkennen. Die Ursache hierfür: In den drei Jahrzehnten nach Gründung der Volksrepublik 1949 sind unter der eigenwilligen Führung Mao Tse-tungs alle sieben, acht Jahre einschneidende wirtschaftspolitische, gesellschaftliche Veränderungen in Gang gesetzt worden, die eine kontinuierliche Entwicklung nicht zuließen. Vor einem Jahrzehnt, nach der „Öffnung" – wurde der über Jahrtausende geschärfte Unternehmergeist der Chinesen von der Führung gefördert, mit unterschiedlichen Erfolgen. Die auf dem Land, in der Nähe der großen Städte begonnene Befreiung der Bauern von staatsplanerischen Maßnahmen hatte dort rasch Reichtum gebracht. In den Städten hingegen war die Vermengung von staatlicher Industrie und privater Initiative – eine behutsame Wiederbelebung kapitalistischer Methoden also – nicht gelungen. Inflation und erhebliche Einkommensunterschiede, unter denen vornehmlich Intellektuelle und Arbeiter zu leiden hatten, bereiteten – gemeinsam mit hier und da vorgetragenen Vorstellungen von Demokratie – dem Politbüro Schwierigkeiten. Daher neigte die Führung erst einmal zur Vorsicht, lavierte. Dieses Gasgeben und Bremsen erfordert Gefühl für feine Dosierungen, das chinesische Politiker aber wegen mangelnder Erfahrung nicht besitzen. Das Volk fragte sich, gemeinsam mit ausländischen Berichterstattern, wie denn all die widersprechenden Äußerungen des Premiers, des Parteivorsitzenden und anderer Politiker nun zu einer langfristigen Politik werden könnten.

Bürokratentum und Überhitzung der Wirtschaftsentwicklung wurden von chinesischen Zeitungen oft als Übel bei der Modernisierung des Landes angesprochen, besonders auch die Korruption. In der Tat war die Eigensucht der Mächtigen „draußen im Lande" angestiegen, seitdem die Zentrale in Peking den Provinzen und einzelnen Personen größere Eigenverantwortung zumutete. Und welcher Kenner des Landes hätte nicht geschmunzelt, wenn wieder einmal die Zusammenlegung einiger Ministerien angekündigt wurde, um dem Bürokratismus zu begegnen? Natürlich wird einige Wochen später die Schaffung einer neuen Kommission, einer neuen Behörde beschlossen, in der die angeblich überflüssigen Beamten Unterschlupf finden; denn Bürokraten, dies ist den Chinesen seit Jahrtausenden geläufig, schützen ihresgleichen vor Ungemach. Das Volk verabscheut sie wegen ihrer Prunk- und Freßsucht, wegen ihres erhobenen Zeigefingers; doch das Volk sucht – selbst in Zeiten relativen Wohlstandes – auch Führung und Hilfe bei ihnen, können doch nur sie die Zeichen von ganz oben deuten, Fürbitte leisten. Und die Beamten halten weiterhin dieses riesige Reich, so groß und bunt wie Europa, dank ihres Beharrungsvermögens zusammen. Dies ist bei einer Bevölkerung, die sich an lebensnotwendigen großen Projekten – etwa der Bewässerung – nur noch widerwillig beteiligt, gewiß keine unerhebliche Leistung.

Die Berichte über Korruption wurden auch im Ausland verbreitet, waren doch die Zeitungen des Landes inzwischen schon zu einer bedeutenden Informationsquelle für ausländische Berichterstatter geworden. Während der „Kulturrevolution", die von 1966 an zehn Jahre lang das Reich der Mitte ins Chaos stürzte, wurde über Korruption nicht gesprochen, sie paßte nicht in die Propaganda der Herrschenden und der ausländischen Maoisten. Damals jedoch war die gesamte chinesische Gesellschaft von Korruption zerfressen. Es war in jener Epoche ein leichtes, Menschen nur deswegen aus dem Fenster zu stürzen, weil sie romantische Gedichte schrieben, Beethoven schätzten oder einfach nicht den „Kampf zwischen zwei Linien" verstanden. Nur wer Beziehungen nach oben besaß, konnte seines Lebens einigermaßen sicher sein.

Noch kurz vor Maos Tod 1976 war das Leben der Chinesen erbärmlich. Am frühen Morgen plärrten aus den im ganzen Land angebrachten Lautsprechern politische Parolen. Die Menschen waren verängstigt, bestrebt, ja nicht aus der von ihrer ideologischen Überlegenheit besessenen Masse der Schüler des senilen Tyrannen herauszuragen – nicht einmal durch farbenfrohe, selbstgenähte Kleidung. Das kulturelle Leben lag darnieder, die Versorgung mit Nahrungsmitteln war mangelhaft. Alle duckten sich unter der Knute der „Weisungen" von oben, unter den Geboten der Partei – wer immer gerade ihre Macht für seine Ambitionen benutzte.

Natürlich hat die Autorität der Partei unter diesen schrecklichen zehn Jahren gelitten. Sie war früher – beim Kampf gegen die Nationalisten, auch in den Jahren des Aufbaus nach 1949 – vielen Chinesen als die einzige Hoffnung erschienen, dem Land wieder zu seinem historischen Anspruch als Reich der Mitte zu verhelfen. Das ist heute nicht mehr so. Ihr haftet der Odem einer Selbstbereicherungsgruppe an – und nach den Massakern in Peking und anderswo der Geruch des Todes. Junge Menschen, nicht nur in den Städten, möchten nicht mehr belästigt werden mit den Kampfparolen ihrer Großväter, die an sozialistische Opferbereitschaft appellieren; sie mögen sinnvoll gewesen sein während des Bürgerkrieges und des Krieges gegen die Japaner. Sie haben keinen Sinn mehr in einer Epoche, in der es Feinde, auch Klassenfeinde, nicht mehr gibt. „Die vierte Generation": So heißt das Buch, das vor der Niederschlagung der Bewegung für Demokratie in China zu einem Bestseller wurde.

Die vierte Generation: Das sind die Chinesen in ihrem dritten Lebensjahrzehnt, die sich die ideologisch befrachteten Diskussionen der von der „Kulturrevolution" gebrannten Älteren nicht mehr anhören möchten; die den glatten, sechzig Jahre alten Politikern deswegen mißtrauen, weil die sich den ganz Alten jahrzehntelang in konfuzianischer Demut gebeugt haben. Allenfalls einige der ersten Generation genossen bei dieser vierten Generation Respekt, weil sie den Mut aufgebracht hatten, sich ohne Belehrungen von oben gegen das als schlecht erkannte Alte aufzulehnen. Möglicherweise werden die Jungen das Wunder vollbringen, frei zu bleiben von der Brutalität, dem Pharisäertum, dem Selbstmitleid der Generationen vor ihnen.

Welches meine schönsten Augenblicke während der Jahre in China waren, fragen Sie? Ein Nachmittag bei den Fluglotsen im Pekinger Tower, ein Gespräch mit Bauern in einer armen Gegend. Der Dorfschulze war so stolz über den Besuch aus Deutschland, daß er zur Begrüßung Limonade und Melonenkerne von der besseren Sorte auffahren ließ – wahrlich eine Abwechslung. Und die Männer über den Landebahnen der Hauptstadt waren einmal so freundlich, einen Jumbo beim Anflug gegen alle Gewohnheiten auf die kürzere Piste

Postkarte

Dipladenia

zu beordern – damit der deutsche Gast die Landung besser verfolgen könne. Marginalien nur, gewiß. Doch für unser Bild von China, das von warmen Farben bestimmt wird, sind sie allemal bedeutsamer als Begegnungen mit Bürokraten oder Streitereien mit Verkäufern.

Und welches sind die Grundsätze Ihrer Arbeit in China gewesen, fragen Sie? Erstens: Nie einen Chinesen, der uns Eindrücke, Tatsachen, Träume schildert, in Gefahr bringen. Ihn in Artikeln also nicht zitieren, ihn in Wohnungen – die ja vielleicht abgehört werden – nicht so benennen, daß die „Behörden" ihn später ausfindig machen könnten; denn ein Teil der Beamtenschaft wird immer unterscheiden zwischen sogenannten Nestbeschmutzern und sogenannten fortschrittlichen Elementen. – Zweitens: Dem eigenen Menschenverstand trauen bei der Beschreibung chinesischer Verhältnisse, und den Lesern in Europa immer wieder nahebringen, daß China ein Entwicklungsland ist – immer wieder also erwähnen, daß ein Bewohner Pekings mit einem durchschnittlichen Monatseinkommen von sechzig Mark zwar arm ist, mit dem Geld aber gerade noch ein Auskommen finden kann. – Drittens und am wichtigsten: Äußerst spröde reagieren auf Gerüchte, die in einer vom Ausland immer noch abgeschotteten, von nachbarlichem Neid bestimmten Gesellschaft wie der chinesischen grassieren; in 99 Fällen sind es Lügen, das eine Mal stimmen sie. Der Geruchssinn für das eine Mal stellt sich nach einer Weile ganz von alleine ein.

Haben Sie je Trauer für China empfunden, fragen Sie? Ja, als im Fernsehen Fahndungsbilder gezeigt wurden, Fotos von jungen Menschen, die für ein humanes Vaterland demonstriert hatten. Ohne sie hat China keine Zukunft.